Cartas ao meu vizinho palestino

Proibida a reprodução total ou parcial em qualquer mídia
sem a autorização escrita da editora.
Os infratores estão sujeitos às penas da lei.

A Editora não é responsável pelo conteúdo deste livro.
O Autor conhece os fatos narrados, pelos quais é responsável,
assim como se responsabiliza pelos juízos emitidos.

Consulte nosso catálogo completo e últimos lançamentos em **www.editoracontexto.com.br**.

Cartas ao meu vizinho palestino

Com um extenso epílogo de respostas palestinas

Yossi Klein Halevi

Tradução
Margarida Goldsztajn

Copyright © 2018 by Yossi Klein Halevi

Todos os direitos desta edição reservados à
Editora Contexto (Editora Pinsky Ltda.)

Montagem de capa e diagramação
Gustavo S. Vilas Boas

Preparação de textos
Lilian Aquino

Revisão
Bia Mendes

Dados Internacionais de Catalogação na Publicação (CIP)

Halevi, Yossi Klein
Cartas ao meu vizinho palestino / Yossi Klein Halevi ;
tradução de Margarida Goldsztajn. – São Paulo : Contexto, 2022.
224 p.

ISBN 978-65-5541-162-1
Título original: Letters to My Palestinian Neighbor

1. Conflito Árabe-israelense 2. Interação social
3. Klein Halevi, Yossi, 1953 – Relações exteriores
I. Título II. Goldsztajn, Margarida

22-2831   CDD 956.94054

Angélica Ilacqua – Bibliotecária – CRB-8/7057

Índice para catálogo sistemático:
1. Conflito Árabe-israelense

2022

EDITORA CONTEXTO
Diretor editorial: *Jaime Pinsky*

Rua Dr. José Elias, 520 – Alto da Lapa
05083-030 – São Paulo – SP
PABX: (11) 3832 5838
contato@editoracontexto.com.br
www.editoracontexto.com.br

Para Abdullah Antepli e Michael Ore,
meus parceiros, meus irmãos.

Sumário

Uma nota ao leitor   9

CARTA 1
O muro entre nós   11

CARTA 2
Necessidade e anseio   31

CARTA 3
Sina e destino   49

CARTA 4
Narrativa e presença   61

CARTA 5
Seis dias e cinquenta anos   83

CARTA 6

A partilha da Justiça   105

CARTA 7

Isaac e Ismael   119

CARTA 8

O paradoxo israelense   135

CARTA 9

Vítimas e sobreviventes   149

CARTA 10

Uma tenda à beira do deserto   163

EPÍLOGO

Cartas de palestinos
a seu vizinho israelense   169

O autor   219

Agradecimentos   221

Uma nota ao leitor

Nos últimos cinco anos, tenho tido o privilégio de codirigir, juntamente com o imame Abdullah Antepli, da Duke University, a Muslim Leadership Initiative (MLI – Iniciativa de Liderança Muçulmana), um programa educacional que ministra ensinamentos sobre o judaísmo e Israel a jovens líderes muçulmanos americanos emergentes. Até o momento, a MLI trouxe mais de uma centena de participantes ao *campus* de Jerusalém do Shalom Hartman Institute, centro proeminente de Israel para pesquisa e educação pluralistas judaicas, que patrocina a MLI e no qual atuo como membro associado.

Em parte, este livro é resultado desse projeto. Muitas das questões suscitadas nas páginas seguintes são consequência de intensas sessões de estudos e conversas informais em que estive envolvido com o imame Abdullah e meus outros amigos na MLI.

Este livro é uma tentativa de explicar a história judaica e a importância de Israel na identidade judaica para os palestinos que são meus vizinhos. Um dos principais obstáculos à paz é a incapacidade de ouvir a história do outro lado. E por isso ofereço este livro em tradução árabe para *download* gratuito, que pode ser acessado pelo link: letterstomyneighbor.com.

Convido os palestinos – assim como outros em todo o mundo árabe e muçulmano – a me escreverem, por esse mesmo endereço do link, em resposta a qualquer questão suscitada neste livro. Tentarei responder a cada carta, por mais desafiadora que seja, escrita com espírito de engajamento. Minha intenção é iniciar uma conversa pública sobre nosso futuro compartilhado no Oriente Médio.

Em um livro anterior, *At the Entrance to the Garden Eden* (Na entrada do Jardim do Éden), escrevi sobre uma jornada que empreendi na sociedade palestina. Essa jornada foi uma tentativa de entender algo da fé e das experiências dos meus vizinhos. Este livro é uma espécie de sequência: uma tentativa de explicar aos meus vizinhos algo da minha fé e experiências como israelense.

É um convite à conversa, uma conversa em que ambos os lados discordam nas premissas mais básicas. Então eu escrevo a você, vizinho palestino que ainda não conheço, na esperança de que possamos empreender tal jornada de ouvir um ao outro.

CARTA 1

O muro entre nós

Caro vizinho,

Eu chamo você de "vizinho" porque não sei o seu nome nem qualquer coisa pessoal sobre você. Dadas as circunstâncias, "vizinho" pode ser uma palavra casual demais para descrever nossa relação. Somos intrusos nos sonhos um do outro, violadores da percepção de lar um do outro. Estamos vivendo encarnações dos piores pesadelos históricos um do outro. Vizinhos?

Mas não sei como me dirigir a você de outra forma. Eu antigamente acreditava que realmente nos encontraríamos, e escrevo a você na esperança de que ainda possamos nos encontrar. Imagino você em sua casa em algum lugar na colina ao lado, logo além da minha varanda. Não nos conhecemos, mas nossas vidas estão entrelaçadas.

Daí, portanto: vizinho.

Vivemos em lados opostos de um muro de concreto que corta a paisagem que compartilhamos. Moro em um bairro chamado French Hill na Jerusalém Oriental, e meu apartamento fica na última fileira de casas que você vê como estruturas escalonadas construídas no declive.

Do meu apartamento, mal posso ver o posto de controle que você deve atravessar – se tiver um passe para entrar em Jerusalém. Mas eu sinto a presença do posto de controle que tudo permeia. Às vezes, minha rotina de meditação e oração matutinas é interrompida pelas buzinas prolongadas de motoristas frustrados fazendo fila para atravessar o posto de controle. Talvez você já tenha ficado naquela fila desesperada.

Às vezes, vejo fumaça subindo acima da sua colina. Fumaça preta, eu aprendi há muito tempo, pode significar pneus queimados, acompanhada por jovens atirando pedras nos soldados. Então há fumaça branca – soldados soltando gás lacrimogênio. Como você consegue, se é que consegue, manter uma vida normal?

Como palestino, são negados a você os direitos de cidadania de que usufruo como israelense. A disparidade permanente entre sua colina e a minha desafia a minha mais profunda autocompreensão e meus compromissos morais como judeu e israelense. Acabar com essa disparidade é uma das razões pela qual apoio uma solução de dois Estados.

É pouco antes do amanhecer. Estou no meu escritório, de frente para a sua colina. O muezim conclama à oração, baixinho, como se relutasse em perturbar a noite. Eu me envolvo em um xale de oração branco e me sento, de pernas cruzadas, sobre uma almofada para meditação. Toco minha testa no chão, um aceno para o chamado à oração que chega do outro lado. Na minha conversa mais íntima com Deus, espero falar com você.

Um sol pálido se ergue sobre o deserto para além do muro. Amarro meu braço com as tiras pretas dos filactérios, prendo uma pequena caixa preta no meu antebraço, de frente para o coração, outra na minha testa. Coração e mente unidos em devoção. Dentro das caixas há versículos bíblicos, incluindo a oração judaica fundamental que proclama a unidade de Deus: "Ouve, Israel, o Senhor nosso Deus é Um." Ou como diz o Alcorão: "Ele é Deus, o Um e o Único; Deus, o Eterno, Absoluto; Ele não gerou e nem foi gerado."

Claramente visível de fora da minha janela, em um canto distante da extensão cor de areia, há uma porção incongruente de azul: o Mar Morto. E, logo adiante, as colinas da Jordânia. Fico a imaginar me fundindo na vastidão, uma parte do Oriente Médio...

Mas o muro me devolve à realidade, à constrição logo além da minha varanda.

Antes que o muro fosse construído, antes de tantas outras coisas que deram errado, eu tentei conhecer você. No final de 1998, no que parece ser outra vida – verdadeiramente outro século –, comecei uma peregrinação ao islamismo e ao cristianismo, as fés de meus vizinhos na Terra Santa. Parti como um judeu religioso procurando não tanto entender sua teologia quanto vivenciar algo de sua vida devocional. Eu queria aprender como você reza, como você encontra Deus em seus momentos mais íntimos.

Meu objetivo era ver se judeus e muçulmanos poderiam compartilhar algo da presença de Deus, se poderiam ser povos religiosos juntos neste lugar em que, de todos os lugares, o Nome de Deus é tantas vezes invocado para justificar a abominação. Eu queria aprender a me sentir em casa em uma mesquita, a ver no islamismo não uma ameaça, mas uma oportunidade espiritual. Ouvir no chamado do muezim exatamente o que se destina a ser: uma convocação para o despertar.

No judaísmo, há um pecado que nem mesmo o jejum de Yom Kipur* pode expiar: a profanação do Nome de Deus. Somente uma pessoa religiosa, fazendo mau uso ou agindo injustamente em Nome de Deus, pode ser culpada dessa ofensa. O encontro de fés, creio eu, santifica o Nome de Deus. A interação com pessoas de diferentes credos cria humildade religiosa, reconhecimento de que a verdade e a santidade não estão confinadas a um único caminho. Prezo o judaísmo como minha língua de intimidade com Deus; no entanto, Deus fala muitas línguas.

Eu ansiava por celebrar essas múltiplas conversas, tocar algo da expansão de Deus. Essa era minha intenção quando entrei no mundo do islamismo.

Tive o privilégio de ser admitido, em várias mesquitas, na linha da devoção, juntando-me à coreografia muçulmana da oração, a imersão do corpo na veneração. Aprendi que a experiência da entrega começa com a formação do próprio alinhamento para a reza, ombro a ombro com os dos vizinhos de ambos os lados. E então o movimento sagrado: Curve-se, retorne à posição ereta, prostre-se (a cabeça, os joelhos e as mãos no chão), sente-se sobre os joelhos e fique de pé. Repita: até você sentir seu corpo se convertendo em

---

* N. T.: Em hebraico, literalmente, Dia da Expiação, também conhecido como Dia do Perdão, dedicado ao jejum, à oração e à reflexão, ao arrependimento e ao perdão.

água, uma partícula de uma grande onda de oração que começou muito antes do seu nascimento e continuará muito depois de sua morte.

A coexistência na Terra Santa é muitas vezes assegurada por separação mútua. Os quatro bairros da Cidade Velha de Jerusalém – muçulmano, judaico, cristão, armênio – reforçam a mensagem: a segurança é medida pela distância entre nós.

Minha jornada foi uma violação da coexistência de distância, uma insistência na possibilidade de intimidade.

Como parte de minha exploração do islamismo, fui convidado por amigos a visitar Nuseirat, o campo de refugiados de Gaza. Em 1990, eu ali estivera durante o serviço militar, patrulhando suas estreitas vielas. Adolescentes, jogando garrafas quebradas e pés de cabra, cantavam *"Amnon b'salem aleik"* – Amnon lhe manda lembranças – referindo-se a Amnon Pomerantz, um reservista que, ao fazer uma curva errada para El-Bureij, o campo de refugiados vizinho, foi cercado por uma turba e queimado vivo.

Uma década depois, voltei a Nuseirat como peregrino. O xeique Abdul-Rahim era o líder idoso de uma pequena mesquita de sufistas, místicos que enfatizam os aspectos mais intensos e profundos da espiritualidade. Ele me acolheu em sua pequena mesquita, construída em frente a um cemitério para alertar os fiéis contra a frivolidade. Inicialmente, o xeique tentou me converter ao islamismo, pedindo que eu erguesse um dedo e repetisse depois dele as palavras da Chahada, o testemunho muçulmano de fé. Expliquei que eu tinha vindo aprender como meus vizinhos muçulmanos serviam a Deus, mas que estava contente em minha própria fé. O xeique não se tranquilizou: Não há outro caminho para Deus, disse ele, a não ser por meio do Profeta.

Então, abruptamente, ele me conduziu ao cemitério. Entramos no mausoléu de seu mestre e permanecemos em silêncio. Ele pegou minha mão e compartilhamos a camaradagem da mortalidade.

Voltei alguns meses depois. Dessa vez o xeique Abdul-Rahim sorriu para mim e colocou sua mão sobre meu coração. "Desde que você entrou no mausoléu e colocou sua mão na minha", ele disse, "passei a considerá-lo um dos meus. Todos os meus discípulos, muçulmanos ou judeus, estão no meu coração".

No final de minha jornada de um ano, eu tinha passado a amar o islã. Eu apreciava seu coração destemido, especialmente diante da morte. Os ocidentais muitas vezes tentam evitar o encontro com a própria mortalidade. Os muçulmanos não. Aprendi que o islã tem a misteriosa capacidade de transmitir aos seus crentes – do mais simples ao mais sofisticado – uma consciência sincera de sua própria impermanência.

Às vezes, em discussões políticas com palestinos, me diziam: Por que estamos discutindo sobre quem é o dono da terra, quando no final a terra será proprietária de nós dois? A mesma expressão existe também na minha tradição. A coragem de abraçar a transitoriedade poderia ajudar a criar uma linguagem religiosa de paz entre nossos povos, uma base para flexibilidade política, para o abandono de reivindicações absolutistas.

Digo-lhe tudo isso, vizinho, porque suponho que, como a maioria dos palestinos que conheço, você é uma pessoa religiosa, e ainda que não inteiramente observante, um crente. Minha jornada na sua fé foi uma tentativa de aprender uma linguagem religiosa para a paz. Creio que uma das razões pelas quais os esforços bem-intencionados dos diplomatas falharam até agora é que eles tendem a ignorar os profundos compromissos religiosos de ambos os lados. Para que a paz tenha sucesso no Oriente Médio, ela deve falar de alguma forma aos nossos corações.

E assim dirijo-me a você, uma pessoa de fé para outra.

Por mais diferente que a expressemos, essa fé compartilha uma visão de mundo essencial: que o invisível é, em última análise, mais real que o material, que este mundo não é uma construção aleatória, mas uma expressão, ainda que velada, de uma criação intencional. Que não somos principalmente corpos, e sim almas, enraizadas na unidade. Para mim, a única noção mais ridícula do que a existência de um ser divino que nos criou e nos sustenta é a noção de que o milagre da vida, da consciência, seja coincidência.

Viajei pela sociedade palestina não só para aprender sobre suas vidas devocionais, mas também para vislumbrar algo desse conflito através de seus olhos. Para me forçar a me abrir à tragédia palestina: a destruição de um povo cujo princípio organizador é agora o deslocamento e cujos aniversários mais significativos são humilhantes derrotas.

Tentei o mais que pude sair da minha própria narrativa e confrontar as ligações históricas palestinas e os erros cometidos pelo meu lado contra o seu. Conheci pessoas cujas casas foram destruídas por Israel porque eles as construíram sem permissão – licenças cuja obtenção, pelos palestinos, a Prefeitura de Jerusalém, em primeiro lugar, dificultou. Ouvi suas histórias, li histórias, memórias e poesias palestinas. Essas narrativas passaram a me assombrar. Não que eu tenha perdido meu amor pelo retorno dos judeus ao lar – como nós judeus dizemos –, que prezo como uma história de persistência e coragem e, sobretudo, de fé. Mas eu não podia mais ignorar a sua contranarrativa de invasão, ocupação e expulsão. Nossas duas narrativas agora coexistiam dentro de mim, versões opostas da mesma história.

Por muitos anos, nós, em Israel, ignoramos você, tratamos você como se fosse invisível, transparente. Assim como o mundo árabe negou o direito dos judeus de se definirem como um povo que merece soberania nacional, nós negamos aos palestinos o direito de se definirem como um povo diferente dentro da nação árabe e, da mesma forma, merecedor de soberania nacional. Para resolver nosso conflito, devemos não apenas reconhecer o direito um do outro à autodeterminação, mas também o direito de cada lado à autodefinição.

Muitos israelenses agora aceitam a legitimidade do direito do seu povo à autodefinição nacional. Após a Primeira Intifada, o levante palestino do final da década de 1980, muitos israelenses da minha geração se convenceram de que a esquerda israelense estava certa o tempo todo quando nos alertava de que a ocupação havia sido um desastre – para nós bem como para você. Percebemos que o preço para implementar nossa reivindicação histórica a toda a terra entre o rio Jordão e o mar Mediterrâneo era demasiado alto. Não podíamos continuar a ser um Estado democrático com valores éticos judaicos se nos tornássemos um ocupante permanente do território de seu povo, nem o queríamos. Não voltei para casa a fim de negar a outro povo seu próprio senso de lar. Espero que você me ouça quando eu disser que não tenho intenção de negar sua reivindicação ou sua dor.

Muitos israelenses, é claro, continuaram a insistir que toda a justiça está do nosso lado, que você não tem nenhuma causa histórica real. Mas foi então que um número significativo de pessoas começou a se sentir diferente. Surgiu um grupo de "israelenses culpados". Acreditávamos que fosse obrigação de Israel, na qualidade de ocupante, estender a mão aos palestinos com uma séria oferta de paz. Por isso, apoiamos o primeiro-ministro de Israel Yitzhak Rabin quando ele apertou a mão de Yasser Arafat no gramado da Casa Branca em 13 de setembro de 1993, iniciando oficialmente o processo de paz de Oslo.

E então, em setembro de 2000, veio a Segunda Intifada.* Milhares de israelenses foram mortos ou feridos em nossas ruas – e milhares mais em suas ruas. Os esqueletos de ônibus explodidos tornaram-se parte da paisagem israelense. As tragédias ficaram confusas, mas há uma que permanece nítida para mim: um homem-bomba atacou o café perto do meu escritório em Jerusalém e matou pai e filha, literalmente na véspera do casamento dela; no dia seguinte, os convidados do casamento se reuniram para seu funeral. Eu tinha uma ligação com a família e a visitei durante o período de luto. A enlutada esposa e mãe assumiu o papel de consoladora, tranquilizando a todos com fé e determinação. Foi então que eu soube que nada jamais erradicaria o povo judeu desta terra outra vez.

Minha esposa, Sarah, e eu estávamos criando dois adolescentes nessa época. Todas as manhãs eu fazia questão de beijá-los aos nos despedirmos, me perguntando se iria vê-los de novo. Ambos se encontraram muitas vezes

---

* N. T.: Designa o conjunto de eventos que marcou a revolta civil dos palestinos contra Israel a partir de setembro de 2000. O fracasso da Cúpula de Camp David em negociar um "acordo final" para o conflito israelo-palestino foi um dos fatores que desencadeou a violência. A situação se agravou após a visita de Ariel Sharon, na época líder da oposição no Parlamento israelense, ao Monte do Templo/Esplanada das Mesquitas, considerada uma provocação. A conferência de paz de Sharm el-Sheikh, realizada em 5 de fevereiro de 2005, é considerada o dia oficial em que o conflito terminou.

próximos a ataques terroristas. Koby Mandell, um garoto de 13 anos – que meu filho, Gavriel, conhecia do acampamento de verão –, foi apedrejado até a morte; o corpo de Koby, descoberto em uma caverna, estava tão desfigurado que apenas seu DNA tornou possível identificá-lo.

Israelenses e palestinos discordam profundamente sobre quem é o culpado pelo colapso do processo de paz e, sem dúvida, continuaremos a discutir isso por anos a fio. A maioria dos israelenses, inclusive eu, acredita que nossos líderes na época tentaram fazer a paz, enquanto os líderes de vocês rejeitaram comprometer-se e se voltaram ao terrorismo a fim de minar a vontade israelense e extrair mais concessões. Não importa o quanto você discorde da narrativa israelense sobre o motivo do fracasso do processo de Oslo, você não pode entender os israelenses de hoje sem levar em conta quão profundamente essa narrativa moldou nossa visão de mundo e nossas políticas.

A Segunda Intifada é o momento em que a maioria de nós, israelenses culpados, perdeu a fé nas intenções pacíficas da liderança palestina. E não apenas por causa do terrorismo. Perdemos a fé porque a pior onda de terrorismo em nossa história ocorreu *depois* de Israel ter feito o que considerávamos uma proposta crível – duas propostas, na verdade, para pôr fim à ocupação. Em Camp David, em julho de 2000, o primeiro-ministro Ehud Barak tornou-se o primeiro líder israelense a aceitar um Estado palestino na Margem Ocidental e em Gaza, com bairros palestinos em Jerusalém Oriental como sua capital. Israel teria se comprometido a erradicar dezenas de assentamentos e a remover dezenas de milhares de colonos de suas casas. Não havia muro então, e qualquer barreira construída teria sido uma fronteira normal, que separaria o soberano Israel da soberana Palestina. As injustiças que inevitavelmente fazem parte de uma ocupação teriam terminado. Arafat, porém, rejeitou a proposta sem apresentar uma contraproposta.

Depois daquelas negociações fracassadas de Camp David, israelenses e palestinos discutiram se Israel realmente havia feito uma proposta séria. Mas então, seis meses depois, em dezembro de 2000, o presidente Bill Clinton apresentou seu próprio plano de paz, no qual a proposta de Barak em Camp David, de cerca de 91% do território, foi aumentada para 95%, com permutas compensatórias de terras e uma estrada cortando o território israelense para conectar a Margem Ocidental e Gaza. Mais uma vez, Barak disse sim e Arafat disse não.

Mais tarde, Clinton culpou Arafat pelo colapso do processo de paz.

Esse momento foi devastador para muitos israelenses que acreditavam na possibilidade de resolver o conflito. Conheço israelenses que dedicaram suas carreiras a convencer seus concidadãos de que a liderança palestina queria a paz com Israel, que só tínhamos que fazer uma proposta crível e o seu lado naturalmente a aceitaria. A tragédia para a esquerda israelense foi que ela realmente conseguiu convencer grande parte do nosso público a confiar em sua abordagem. E então o processo de paz simplesmente explodiu na nossa cara.

Em 2008, o primeiro-ministro israelense Ehud Olmert ofereceu ao líder palestino Mahmoud Abbas o equivalente à retirada total dos territórios, com permutas de terra. Abbas não respondeu. Hoje, os israelenses comuns que querem desesperadamente levar uma vida normal em um país normal e em paz com seus vizinhos consideram delirantes esses esquerdistas que ainda insistem que os líderes palestinos querem a paz.

Por mais horrível que tenha sido a violência da Segunda Intifada, seu motivo subjacente não foi menos inquietante para os israelenses: uma negação do direito do povo judeu de existir como uma nação soberana em qualquer parte da terra que compartilhamos, uma negação da ideia de que esta é uma terra que precisa ser compartilhada por dois povos. Nós vivenciamos o terrorismo como expressão de uma patologia mais profunda: uma intenção de destruir a presença judaica nesta terra. Não uma revolta contra a ocupação, mas contra a existência de Israel.

Ouvi palestinos dizerem que não têm escolha exceto combater a ocupação com violência. Os israelenses veem uma dinâmica oposta: a partir do nosso ponto de vista, não é a ocupação que cria terror, mas o terror que prolonga a ocupação, convencendo os israelenses de que não importa o que façamos, no fim o terrorismo contra nós persistirá. Afinal, foi isso que aconteceu quando Israel se retirou de Gaza em 2005, desmontando todos os seus assentamentos e bases militares. No entanto, mais tarde, e durante anos, milhares de mísseis foram lançados em bairros israelenses ao longo da fronteira.

Os líderes palestinos nunca param de dizer ao seu povo que Israel não tem legitimidade histórica como Estado. Aqueles líderes nos convenceram de que esse não é um conflito, em última análise, sobre fronteiras e assentamentos e Jerusalém e lugares sagrados. Trata-se do nosso direito de estar aqui, com quaisquer fronteiras. Nosso direito de sermos considerado um povo. Um povo nativo.

O enfraquecimento da esquerda israelense transformou a política do meu país durante uma geração. Com o violento colapso do processo de Oslo, a direita voltou ao poder. O campo de paz israelense, que na década de 1990 conseguia levar centenas de milhares de manifestantes às ruas, agora mal consegue recrutar alguns milhares.

É claro que muitos israelenses entendem que nosso lado compartilha amplamente a culpa por chegar a esse terrível impasse entre nossos dois povos. Por exemplo, continuamos a erguer assentamentos durante o período do processo de Oslo, minando a confiança do seu povo em nosso compromisso com uma solução e reforçando a sensação de impotência dos palestinos. Contudo, quando chegou o momento decisivo para acabar com o conflito, vimos nossos líderes dizendo sim e os líderes palestinos dizendo não.

Cito tudo isso porque esse é o momento que mudou a sociedade israelense, que me mudou. Ele explica por que posso viver com o fardo moral da ocupação. Por que posso viver com o muro do lado de fora da minha janela.

Minhas viagens dentro da sociedade palestina terminaram. Tornaram-se muito perigosas: israelenses que entravam em território controlado pela Autoridade Palestina corriam o risco de serem linchados. Finalmente, Israel proibiu seus cidadãos de entrar nessas áreas. As relações que eu havia estabelecido com os palestinos desapareceram.

Quando as bombas humanas detonaram no início dos anos 2000, eu, como a maioria dos israelenses, apoiei a construção de uma barreira que separasse a Margem Ocidental de Israel, a sua colina e a minha. Foi uma tentativa desesperada de parar a insuportável facilidade com que homens-bomba suicidas cruzassem a Margem Ocidental para o Israel soberano, embarcassem em nossos ônibus e entrassem em nossos cafés.

E funcionou. Com a construção da barreira, a onda de atentados suicidas terminou. Vejo nessa barreira uma forma de garantir a segurança dos meus filhos, minha capacidade de sobreviver no Oriente Médio. E, assim, sou grato ao muro que desprezo. Porque sinto que não tenho escolha.

A Segunda Intifada esgotou minha capacidade de estender a mão; eu não pensava que poderia retomar essa jornada, de forma alguma. Eu não queria mais ouvir suas histórias, suas reivindicações, suas queixas. Eu queria gritar para a sua colina: Poderia ter sido diferente! Faça parceria conosco e negocie um acordo! E *olhe* para mim, reconheça a *minha* existência! Eu também tenho uma história.

Quando vejo como meu povo e nossa história são retratados na mídia palestina, sinto-me à beira do desespero. Parece que a única ideia que unifica a mídia palestina em toda a sua diversidade ideológica é a de que os judeus não são um povo e não têm direito a um Estado. Essa mesma mensagem é transmitida em escolas e mesquitas palestinas. Não havia uma antiga presença judaica aqui – isso é uma mentira sionista. Nenhum Templo ficava no Monte. O Holocausto também é uma farsa sionista, inventada para garantir o apoio ocidental a Israel. De acordo com a narrativa predominante no seu lado, sou um mentiroso patológico sem nenhuma história, um ladrão sem direitos a qualquer parte desta terra, um estrangeiro sem pertencimento.

Israel e os judeus são rotineiramente retratados em sua mídia como monstros. Fomos responsáveis pelo 11 de Setembro, colaboramos com os nazistas no Holocausto que nunca aconteceu, matamos palestinos para colher seus órgãos e até manipulamos a natureza para criar desastres ambientais. E, é claro, governamos secretamente o mundo.

Conheço palestinos que sentem repulsa por esse modo demoníaco de retratar os judeus e que reconhecem prontamente que estamos presos em um conflito entre duas narrativas justas. Espero que você seja um deles. Mas essa perspectiva, pelo que vejo, está banida da sua mídia dominante. Qualquer voz que até insinue a legitimidade da narrativa judaica – ao lado, não em vez, da narrativa palestina – é silenciada.

Como poderemos nos reconciliar se eu não existo, se não tenho nenhum direito de existir?

E, assim, o muro físico é uma expressão de um muro mais profundo entre nós. Não podemos sequer concordar com o mais comezinho discurso compartilhado. Vejo minha presença aqui como parte do retorno de um povo nativo, desenraizado, e um renascimento do Estado judeu como um ato de justiça histórica, de reparação. Para mim, ser judeu em Jerusalém sob soberania israelense é uma fonte de elevação, de inspiração religiosa.

Vejo sua presença nesta terra como parte essencial do seu ser. Os palestinos muitas vezes se comparam a oliveiras. Sou inspirado pelo seu enraizamento, seu amor por esta paisagem.

E como você me vê? Eu sou, aos seus olhos, parte de uma invasão colonialista que foi um crime histórico e uma violação religiosa? Ou você pode ver a presença judaica aqui como autêntica, assim como a sua? A minha vida aqui pode ser vista como uma oliveira desenraizada e restituída ao seu lugar?

À medida que o conflito entre nós se aprofunda, o muro parece se tornar cada vez mais inserido na paisagem, absorvido pelas casas e pelas colinas, até pela mudança de luz. Muitas vezes o muro desaparece completamente: meus olhos aprenderam a não ver. Meu apartamento é alto o suficiente para que eu olhe por cima do muro, para o deserto além dele. Quase posso evitar a limitação e desfrutar da extensão.

E mesmo assim: o muro continua sendo um insulto. Uma negação da minha esperança mais profunda para Israel, que é a de encontrar o seu lugar entre nossos vizinhos.

Durante anos após a Segunda Intifada, eu disse, como a maioria dos israelenses: Tentamos fazer a paz e fomos rejeitados da forma mais brutal possível. Mas isso era fácil demais. Como uma pessoa religiosa, estou proibido de aceitar esse abismo entre nós como permanente, proibido de fazer a paz com o desespero. Como o Alcorão observa tão poderosamente, o desespero equivale à descrença em Deus. Duvidar da possibilidade de reconciliação é limitar o poder de Deus, a possibilidade de um milagre – especialmente nesta terra. A Torá me ordena: "Busca a paz e vai ao seu encalço" – mesmo quando a paz parece impossível, talvez especialmente então.

Portanto, eu me volto para você, vizinho, na esperança de que uma narrativa honesta da minha história possa comovê-lo – e ajude a criar algum entendimento, ou acordo, entre nós. Quero que meu governo busque ativamente uma solução de dois Estados, que explore inclusive a mais remota possibilidade para um acordo. Quero que meu governo não faça somente um discurso de segurança e ameaça, mas também de esperança e coexistência e responsabilidade moral. E quero que meu governo pare de expandir os assentamentos. Não apenas para o seu bem, mas também para o meu. O governo israelense de direita que existe enquanto escrevo esta carta parece incapaz de uma abordagem visionária.

Minha esperança é que agora, enquanto vemos a devastação nos países ao nosso redor – os horrores na Síria e em outros lugares no Oriente Médio –, palestinos e israelenses irão juntos recuar do abismo, que escolheremos a vida. Mas para que isso aconteça, precisamos conhecer os sonhos e os temores um do outro.

Entrei na sua sociedade duas vezes – primeiro como soldado, depois como peregrino –, porque eu não podia aceitar que minha interação com você se restringisse ao papel de ocupante. Terei mais a dizer sobre essa experiência. Por enquanto, digo apenas que eu não poderia suportar o impacto de uma ocupação aparentemente interminável na vida dos meus vizinhos – e também na minha própria credibilidade moral como judeu, portador de uma tradição antiga que preza a justiça e a equidade, que coloca o valor de uma vida humana, criada à imagem divina, no cerne de sua cosmovisão.

Escrevo estas cartas como forma de retomar minha jornada até você. Mas com uma diferença: quando viajei na sociedade palestina pela última vez, eu estava tentando entender você. Na maioria das vezes, não discuti nem mesmo falei sobre mim. Em vez disso, tentei ouvir.

Agora quero compartilhar com você algo da minha fé e da minha história, que se entrelaçam. Sou um judeu por causa da história. Foi isso que me trouxe aqui, como seu vizinho.

Provavelmente, nenhum de nós pode convencer o outro da narrativa do lado oposto. Cada um de nós vive dentro de uma história, profundamente enraizada em nosso ser, definindo nossa existência coletiva e pessoal, que desistir de nossas respectivas narrativas seria uma traição.

Mas precisamos desafiar as histórias que contamos *um sobre o outro*, que se tornaram estabelecidas nas nossas sociedades. Temos imposto nossos piores pesadelos históricos um ao outro. Para você, somos colonizadores, cruzados. E para nós você é o mais recente inimigo genocida que procura destruir o povo judeu.

Podemos, em vez disso, ver um ao outro como dois povos traumatizados, cada qual agarrado à mesma fatia de terra entre o rio Jordão e o mar Mediterrâneo, sendo que nenhum encontrará paz ou justiça até que faça a paz com a reivindicação por justiça do outro?

Não acredito que a paz, sem pelo menos alguma tentativa de entendimento mútuo, possa perdurar. Qualquer que seja o documento oficial assinado por nossos líderes no futuro, ele será minado em terra, em sua colina e na minha. Será um tratado frio, uma paz não amada que murchará e morrerá, ou mais provavelmente será assassinada. Pelo menos, a intimidade de nossa geografia faz com que a separação física completa seja impossível. E assim, para viver, devemos aprender a viver juntos.

É verdade que é sempre mais fácil para o vencedor ser mais flexível, ser mais aberto à narrativa oposta, do que para o conquistado. Que direito tenho, como conquistador, de pedir-lhe um gesto recíproco de reconhecimento? Possivelmente porque sou um conquistador peculiar: temo que a retirada para as fronteiras de 16 quilômetros de largura que definiam Israel antes da Guerra de 1967 poderia abalar fatalmente minha capacidade de me defender em um Oriente Médio desintegrado. Temo que a retirada não só me diminua, mas me destrua.

Há muito tempo percebi que as reivindicações históricas e os anseios religiosos que me vinculam a esta terra não podem justificar minha posse de toda ela às custas de outras pessoas. E assim, por mais doloroso que seja, aceito a partilha como a expressão prática da forma de resolver um conflito entre duas reivindicações legítimas.

Entretanto, nossa experiência da rejeição generalizada da legitimidade de Israel na sociedade palestina e nos mundos árabe e muçulmano em geral apenas nos endurece, nos enlouquece. E a recusa em nos ver como somos – uma parte inseparável desta região – leva o seu lado a subestimar repetidamente a nossa determinação. Não menos que você, estou preparado a me sacrificar, a fim de garantir meu lugar na terra que compartilhamos.

A chave para acabar com a ocupação é dar aos judeus alguma esperança de que nossa retirada, nossa vontade de fazer um acordo territorial, seja retribuída por uma disposição do seu lado para aceitar a Margem Ocidental e Gaza como o Estado palestino, sem tentar destruir o Estado de Israel.

Talvez muito do que estou prestes a escrever seja difícil para você ouvir. Nas cartas que se seguem, farei uso de termos como "terra de Israel", que são parte natural do meu vocabulário, mas podem parecer a você uma afronta. Esse não é o meu propósito. Minha esperança é que você – alguém do seu lado do muro – leia isso e responda, que você não seja mais uma presença anônima para mim, mas uma identidade, uma voz. Mesmo se você responder com raiva. Até agora tudo o que foi tentado entre nós falhou completamente e trouxe morte e destruição para ambos os lados. Vamos começar a conversar e ver o que acontece.

E assim, vizinho, aqui estou. Convido você para o meu lar espiritual, na esperança de que um dia sejamos capazes de acolher uns aos outros em nossas casas físicas.

CARTA 2

Necessidade e anseio

Caro Vizinho,

Hoje é o dia mais terrível do ano judaico. É o dia do jejum de Tishá BeAv, o nono dia do mês hebraico de Av. Neste dia de luto está condensada a destruição de ambos os templos antigos em Jerusalém: o Primeiro Templo, pelo rei babilônico Nabucodonosor em 587 a.e.c., levando ao exílio dos judeus na Babilônia; e o Segundo Templo, pelo general romano Tito em 70 e.c., e a dispersão subsequente dos judeus ao redor do mundo. O exílio babilônico durou 70 anos, até que o rei persa Ciro, o Grande, conquistou a Babilônia e permitiu que os judeus voltassem para casa. O exílio iniciado pelos romanos durou quase 2 mil anos, até a criação do Estado de Israel em 1948.

Enquanto eu jejuo, olhando repetidas vezes para o meu relógio, esperando que essa pequena provação termine, penso no Ramadã. Os muçulmanos que conheço aguardam ansiosamente esses 30 dias de jejum como uma imersão no tempo sagrado. O pensamento me conforta e me ajuda a acolher a oportunidade espiritual de abnegação.

O calor seco que chega do deserto nesta manhã de final de julho parece apropriadamente opressivo. O calendário hebraico, afinal, reflete o ciclo natural desta terra. Celebramos a liberdade e a renovação no feriado de primavera do Pessach; assinalamos a outorga da Torá, a colheita espiritual, em Shavuot,* no final da primavera, época da colheita do trigo. Portanto, é de alguma forma apropriado que o jejum de Tishá BeAv ocorra durante nosso ressecado verão, pois a própria terra parece transmitir desespero.

Ontem à noite fui ao Muro das Lamentações, resquícios do Templo deixado por Tishá BeAv. A praça, com pavimentação em pedra, estava lotada com a diversidade dos judeus, quase tão extensa quanto a própria humanidade. Os fiéis estavam sentados no chão em círculos e liam, nos sotaques dos lugares de nossas andanças pelo mundo, o Livro de Lamentações – "Como está sentada solitária aquela cidade" –, composto há mais de 2.500 anos para lamentar a destruição de Jerusalém e do nosso Templo. Havia judeus ultraortodoxos de uma dúzia de seitas, distinguidas pelos tamanhos e formas de seus chapéus fedora pretos e pelo comprimento

---

* N. T.: Festa judaica que celebra tanto a colheita quanto a outorga das Tábuas da Lei a Moisés no Monte Sinai.

de seus sobretudos pretos, entoando os versículos hebraicos com sotaque iídiche da Polônia e da Hungria. Judeus do Iêmen, com cachos de cabelos laterais enrolados em espiral, cantavam em um hebraico gutural que, diz-se, assemelha-se à maneira como os judeus falavam antes do exílio – antes o hebraico era limitado à liturgia e ao estudo sagrado, excluído do vernáculo da nação. Ouvia-se russo, inglês, amárico e especialmente francês: judeus da França compõem nossa última onda de imigrantes, fugidos da violência antijudaica em uma democracia ocidental.

Entretanto, no que diz espeito a todos os gestos formais de luto, não senti uma angústia genuína. Alguns dos piedosos gritavam as palavras, o que me pareceu uma imitação de pesar. É difícil lamentar o exílio quando o exílio terminou.

É verdade que nem todas as orações judaicas foram respondidas. Voltamos, mas a presença dominante de soldados israelenses que nos protegem no Muro das Lamentações faz com que nos lembremos não só de nossa soberania restaurada, mas de ameaça contínua. Tishá BeAv foi apenas parcialmente negada. A tradição judaica não podia imaginar esse limbo entre o retorno e a redenção. E assim reencenamos a coreografia do luto, mas estamos inquietos, desorientados. Em casa, porém ainda não remidos.

Movendo-me de círculo a círculo, senti uma sensação de admiração. Retornamos ao nosso lugar de origem, como os judeus sempre acreditavam que aconteceria, para nos reconstruir em um povo a partir de comunidades díspares.

A maioria dos israelenses que conheço são pessoas de fé – se não necessariamente no que tange à religião convencional, então decerto a uma vida de significado. Os israelenses sentem que sua própria existência – falando uma língua ressuscitada em uma pátria recuperada – é um milagre. "Quando o Senhor trouxe do cativeiro os que voltaram a Sião, estávamos como os que sonham", escreveu o salmista. Ser israelense é como acordar em um sonho.

Uma manhã eu estava levando meu filho adolescente Shachar para a escola. Não muito longe da Cidade Velha, ficamos presos em um engarrafamento. Eu disse: "Olha, em certo sentido, aqui estamos, parados em um engarrafamento, como acontece em qualquer cidade em qualquer outro lugar... Mas, às vezes, me ocorre que os detalhes mais chatos de nossa vida cotidiana eram os maiores sonhos de nossos ancestrais."

Eu não esperava resposta. Shachar, um músico de *jazz*, tende a não falar em categorias históricas. Mas ele me surpreendeu. "Penso muito nisso", disse. Claro que sim, me dei conta. Como pode um judeu viver neste país e não pensar na improbabilidade do nosso ser?

Certa vez, em visita a Roma, fiz uma espécie de peregrinação ao Arco de Tito, um monumento à destruição de Jerusalém. No arco está esculpida a imagem de nossa ruína: legionários romanos carregando a menorá do Templo pelas ruas de Roma. Durante o exílio, os judeus faziam questão de não passar por baixo do arco, simbolicamente rejeitando a submissão à derrota. Passei sob o arco e fiz uma oração de gratidão por viver em uma época na qual a perseverança judaica foi justificada.

Como os judeus fizeram isso? Como nossos ancestrais no exílio conseguiram manter a esperança? Por que permaneceram leais à sua fatalmente desacreditada fé, ao que parece abandonada por Deus e substituída tanto pelo cristianismo quanto pelo islamismo? Como resistimos às pressões e tentações de conversão às religiões sob as quais vivíamos?

Alguns, é claro, abandonaram o judaísmo, o que pode ser uma razão pela qual há tão poucos de nós – apenas 14 milhões.

Aqueles que permanecem judeus são descendentes de homens e mulheres de fé incompreensível. Nossos ancestrais derrotados acreditavam que a história que os judeus contavam a si mesmos sobre o exílio e o retorno algum dia seria concretizada.

Uma razão pela qual sou um judeu crente é por causa de sua fé.

Tishá BeAv representou para o judaísmo sua maior crise. O judaísmo bíblico estava centrado na terra de Israel e no Templo. Mas o que fazer agora que a maioria dos judeus foi arrancada da terra e do Templo destruído?

Gradualmente, os judeus perceberam que, ao contrário de sua permanência na Babilônia, desta vez o exílio seria ilimitado, sem nenhuma conclusão à vista. Os judeus responderam de forma paradoxal. Eles viram o exílio como punição de Deus por seus pecados e se renderam à sua sina pelo tempo decretado por Deus. No entanto, se recusaram a aceitar o exílio como permanente. Eles alimentaram sempre a esperança, a fé – a certeza surpreendente – de que um dia a sentença de exílio terminaria e Deus os buscaria dos mais remotos cantos da terra, como nossos profetas haviam predito. Ainda assim, essa perspectiva era tão inconcebível que os judeus relegaram seu retorno ao lar à era messiânica. Certamente só o messias poderia restituir à soberania o mais disperso e impotente dentre os povos.

No prolongado ínterim entre Tishá BeAv e a redenção, os judeus mantiveram sua dupla estratégia de aceitar o exílio como um fato e rejeitá-lo como permanente.

Os rabinos, mestres populares e árbitros da lei judaica, surgiram como os novos guardiões do judaísmo. Com a destruição do Templo, os sacerdotes – responsáveis por seus rituais – tornaram-se instantaneamente irrelevantes. Os profetas haviam sido silenciados pelo afastamento da revelação divina, uma das expressões mais dolorosas do nosso fracasso espiritual. (A profecia, de acordo com o judaísmo, é dada aos judeus somente na terra de Israel.) A sinagoga tornou-se um templo substituto, a oração substituiu os sacrifícios de animais – um grande passo na evolução espiritual do judaísmo. Por meio dessas inovações, o judaísmo declarou uma trégua com o exílio.

Mas os rabinos construíram no judaísmo do exílio sua própria negação, uma expectativa subversiva de que um dia Tishá BeAv seria revertida – transformada em um dia comemorativo da redenção. Segundo a lenda judaica, o messias nasceria em Tishá BeAv.

Ao longo de suas perambulações, os judeus carregavam consigo a terra de Israel, seus ritmos sazonais, suas histórias e profecias. Em suas casas de estudo, discutiam as leis de *shmitá* – o mandamento de deixar a terra de Israel inativa a cada sete anos, para descansar e se recuperar. Eles conheciam seu ritmo de plantio e colheita, como se ainda fossem seus agricultores. A relação judaica com a terra de Israel mudou do espaço para o tempo. Para nós, a terra existia no passado e no futuro – memória e antecipação. Os judeus acreditavam que, um dia, a terra ressurgiria de seu exílio no tempo, de volta ao espaço.

Acima de tudo, eles preservaram a terra na oração. A oração judaica impregnou-se do anseio à terra. Quando menino, crescendo em um lar religioso no Brooklyn, eu rezava nos meses de inverno por chuva e nos meses de verão pelo orvalho – independentemente do clima fora da minha janela, seguindo o ritmo natural de uma terra distante. Nas orações matutinas e noturnas, ao dar graças depois das refeições, eu invocava Sião. Antes mesmo de conhecer a terra de Israel como um lugar real, eu a conhecia como memória herdada.

Quando Sarah e eu estávamos sob o dossel do pálio nupcial, recitamos, como os judeus têm feito durante séculos, o salmo: "Se eu me esquecer de ti, ó Jerusalém, esqueça-se a minha direita da sua destreza." E então, no momento da nossa maior alegria, quebramos um copo, em memória dos templos destruídos.

Talvez as expressões mais poderosas do anseio pelo retorno estavam contidas nos poemas litúrgicos dos judeus de terras muçulmanas. "Pedirei ao meu Deus que redima os prisioneiros", cantavam judeus no Iêmen, referindo-se a si mesmos, exilados de Sião. O poeta judeu espanhol do Medievo, Yehuda Halevi, escreveu uma oração lamentosa adotada por judeus ao redor do mundo: "Sião, você não está preocupada com o bem-estar de seus prisioneiros?" Os judeus marroquinos se reuniam na sinagoga à meia-noite para entoar orações de retorno.

Em seus exílios radicalmente diversos, os judeus nutriam rituais de anseio – como o feriado religioso dos judeus etíopes conhecido como Sigd. Uma vez por ano, no final do outono, milhares de judeus de aldeias na remota província de Gondar subiam a montanha. Vestidos de branco, em jejum, voltavam-se para o norte, na direção de Sião, e oravam pelo retorno.

Aprendi sobre o Sigd com meu amigo Shimon, que se mudou para Israel na mesma época que eu, na década de 1980. Embora ele viesse da comunidade mais pobre da diáspora e eu, da mais privilegiada, ambos havíamos sido criados no mesmo amor a Sião.

Para Shimon, o anseio de viver em Israel começou com o Sigd. Ele orgulhosamente me informou que começou a jejuar aos 8 anos de idade.

Separados por séculos de outras comunidades judaicas, os judeus etíopes acreditavam que fossem os últimos judeus no mundo. Seus vizinhos cristãos os temiam como magos negros – assim como os cristãos na Europa medieval temiam os judeus como adoradores do diabo, envenenadores dos poços –, e os chamavam de "falasha", estranhos. Eles se autodenominavam "Beta Israel", a Casa de Israel. E ano após ano, século após século, subiriam a montanha, sua fé mediando entre paciência e anseio.

Um dia, em 1983, Shimon e sua família se juntaram aos seus vizinhos e começaram a caminhar literalmente em direção a Jerusalém. Os rabinos israelenses haviam determinado recentemente que os Beta Israel eram judeus – uma situação em disputa por causa da separação milenar entre a comunidade e o restante do povo judeu – e o governo israelense do primeiro-ministro Menachem Begin deixou claro que eles eram bem-vindos em casa. E, assim, milhares de judeus etíopes puseram-se em marcha. Caminharam por semanas pela selva e pelo deserto; velhos morreram de exaustão, crianças, de fome. Nenhuma comunidade da diáspora sofreu proporcionalmente mais mortes em seu caminho a Sião do que os judeus da Etiópia.

A primeira parada de Shimon e sua família foi um acampamento de refugiados no Sudão. Temerosos das autoridades muçulmanas, Shimon e os outros judeus esconderam sua identidade religiosa e esperaram que os agentes israelenses os resgatassem. Certo dia, um soldado sudanês, suspeitando que Shimon fosse judeu, ergueu sua bota com ponta de aço e esmagou o pé descalço de Shimon. Ele manca desde então.

Penso nos judeus etíopes sempre que ouço um líder do Oriente Médio dizer que a única razão pela qual Israel existe é o Holocausto, que os palestinos pagaram o preço pela culpa ocidental. Muitos judeus etíopes nunca ouviram falar do Holocausto até chegarem a Israel. Metade dos judeus de Israel é oriunda do mundo árabe, na maior parte do qual os nazistas não chegaram.

Israel existe porque nunca deixou de existir, mesmo se apenas em oração. Israel foi restaurado pelo poder cumulativo do anseio judaico. Mas o apego a terra não se limitava ao anseio. Ao longo dos séculos, judeus do Oriente e do Ocidente vieram para morar e serem sepultados na terra de Israel.

Depois que os romanos destruíram o reino da Judeia, proibiram os judeus de viver em Jerusalém, uma interdição reforçada sob o domínio cristão. Os governantes muçulmanos de Jerusalém foram mais indulgentes. Afinal, foi o califa Omar quem, ao conquistar Jerusalém em 638 e.c., permitiu que alguns judeus retornassem à cidade. Essa gentileza faz parte da história que compartilhamos.

O impulso para criar uma expressão política do anseio pelo retorno – restaurando a relação judaica com Sião do tempo de volta ao espaço – foi uma necessidade urgente. Na Rússia do século XIX, milhões de judeus foram ameaçados pelos *pogroms* instigados pelo regime. Muitos judeus russos fugiam de suas casas e iam para o oeste.

O recém-criado movimento sionista buscava uma solução não apenas para judeus, mas para "os judeus" – uma solução permanente para a falta de um lar. Ainda assim, não obstante a desesperada situação, o antissemitismo e a necessidade de refúgio não definiram a essência do sionismo. A necessidade deu ao sionismo a sua urgência, mas o anseio deu ao sionismo sua substância espiritual.

O sionismo foi o ponto de encontro entre necessidade e anseio.

E quando a necessidade e o desejo colidiram – como ocorreu em um momento crucial no início da história sionista – o anseio venceu.

Em 1903, o líder do sionismo Theodor Herzl, um jornalista vienense obcecado por salvar seu povo, havia esgotado suas opções. Herzl era um judeu assimilado que aderiu ao sionismo por causa da necessidade judaica, não por anseio. Mas ele não conseguiu persuadir o sultão turco a permitir a imigração judaica em massa para a terra de Israel, então parte do Império Otomano. O papa disse a Herzl que não poderia apoiar o sionismo porque a falta de um lar judaico era a punição divina por rejeitar o messias. O movimento de Herzl, de sonhadores empobrecidos, estava virtualmente falido: a maioria dos judeus ricos da Europa Ocidental se esquivava dele, temendo que seu plano para um Estado judeu prejudicasse seus próprios esforços de serem aceitos na sociedade gentia. Boa sorte com isso, disse Herzl aos judeus de Berlim e Viena.

Ele estava desesperado. A violência da turba contra os judeus russos se intensificava. Herzl intuiu que uma catástrofe inimaginável, muito pior do que os *pogroms*, aguardava os judeus da Europa.

Então, os britânicos o abordaram com uma proposta para colonizar um território na África Oriental. Eles esperavam conseguir colonos leais a partir do desejo de Herzl de criar uma pátria judaica.

Herzl sabia que haveria oposição entre os sionistas no que diz respeito ao que ficou conhecido como o Plano de Uganda, mas ele acreditava que o movimento sionista fosse pragmático. Se Sião era inatingível, ele esperava que seus colegas ativistas aceitassem o possível.

Herzl apresentou o plano no Congresso Sionista. Com um mapa da África Oriental pendurado atrás do pódio, dirigiu-se aos delegados. Nada substituiria Sião em nossos corações, disse ele. Mas ele os exortou a considerar os perigos que os judeus enfrentariam, especialmente na Rússia. Necessidade antes de anseio.

Seu discurso foi recebido com gritos de angústia. A mais veemente oposição veio dos jovens delegados que

NECESSIDADE E ANSEIO **41**

representavam as comunidades judaicas na Rússia. Os próprios judeus que Herzl estava tentando salvar.

Uma jovem russa correu para o pódio e arrancou o mapa da África da parede.

Os delegados da Rússia – liderados por um jovem chamado Chaim Weizmann, que mais tarde se tornaria o primeiro presidente de Israel – saíram da sala. Eles eram em sua maioria rebeldes seculares e socialistas, de lares religiosos, porém seus instintos, naquele momento, eram profundamente religiosos. Eles se reuniram em uma sala adjacente, sentaram-se no chão, como os judeus fazem na sinagoga em Tishá BeAv. Alguns dos jovens choraram. Eles estavam de luto não por Sião, mas pelo sionismo.

Herzl foi até eles. Eles receberam o amado líder, o primeiro judeu em 2 mil anos a organizar uma saída prática do exílio, com frieza educada. Uganda, Herzl os tranquilizou, seria apenas uma estação temporária a caminho de Sião. Herzl conseguiu evitar o cisma no movimento sionista, mas os delegados russos continuaram a se opor ao seu plano.

Em seu discurso de encerramento do Congresso, Herzl ergueu a mão direita e repetiu as palavras dos Salmos: "Se eu me esquecer de ti, ó Jerusalém, esqueça-se a minha direita da sua destreza."

Um ano depois, Herzl morreu – aos 44 anos de idade – de exaustão e insuficiência cardíaca. Sua missão de resgate havia falhado. A catástrofe não seria evitada.

Após o Plano de Uganda, houve outras tentativas de criar "pátrias" judaicas em várias partes do mundo – como em Birobidjã, a fantasia soviética de uma pátria comunista falante do iídiche na fronteira chinesa. Mas todas as alternativas a Sião falharam.

Se o Plano de Uganda tivesse prevalecido, o sionismo se tornaria um movimento francamente colonialista. Um colonialismo trágico, impelido não por ganância ou glória, mas por necessidade existencial. Ainda assim, não haveria como escapar do duro julgamento contra o sionismo.

Contudo, ao insistir em Sião – contra todas as probabilidades, sem levar em conta as consequências –, o sionismo confirmou a sua legitimidade como um movimento de repatriação, restabelecendo um povo nativo em seu lar.

Precisamente pelo fato de o sionismo ser um fenômeno tão único, é tentador encaixá-lo em outras categorias, como o nacionalismo europeu do século XIX. Daí é um pequeno passo para definir o sionismo como um movimento colonialista.

O sionismo foi, é claro, fortemente influenciado pelo nacionalismo europeu. No entanto, essa foi apenas a forma que um sonho de retorno de 2 mil anos assumiu. E embora lançado no Ocidente, o sionismo atingiu seu ápice no Oriente. Quando o Estado de Israel foi estabelecido, comunidades judaicas inteiras do Oriente Médio se mudaram para Sião.

A primeira comunidade a responder ao chamado foi a dos judeus do Iêmen. Ao longo de 1949, uma antiga comunidade de mais de 40 mil membros foi levada para casa pelo primeiro transporte aéreo de Israel. Muitos judeus iemenitas, que nunca tinham visto um avião, lembraram-se da promessa bíblica de resgatar os judeus do exílio "nas asas de águias" e pressupuseram que essa profecia estava sendo literalmente cumprida na pista.

Em 1951, chegou a vez da antiga comunidade judaica do Iraque. Mais de 100 mil judeus iraquianos – praticamente a comunidade inteira – foram levados para Israel no maior transporte aéreo da história. Estavam incluídos judeus cosmopolitas de Bagdá e judeus de aldeias do Curdistão, místicos, comunistas e ativistas sionistas.

E então vieram os judeus do Norte da África. E do Egito. E da Síria. E do Líbano. Uma antiga comunidade judaica após outra, transferida para o Estado de Israel.

Atualmente, a maioria dos israelenses descende de judeus que deixaram uma parte do Oriente Médio para se reinstalar noutra. Diga-lhes que o sionismo é um movimento colonialista europeu e eles simplesmente não irão entender sobre o que você está falando.

Os judeus do Oriente estavam presentes desde o início do retorno político a Sião. Em 1882, os cabalistas iemenitas calcularam que o equivalente hebraico daquela data seria o ano da redenção.* E então várias centenas de judeus iemenitas partiram para o porto de Jaffa, esperando saudar o messias.

Em vez disso, encontraram o primeiro grupo de pioneiros sionistas da Rússia. Não foi um reencontro alegre de irmãos. Os dois grupos de judeus de cada extremidade da Diáspora se entreolharam com cautela. Os mal-entendidos entre os judeus profundamente tradicionalistas do Oriente e os impetuosos jovens pioneiros da Europa aumentaram.

Contudo, em certo sentido, os cabalistas iemenitas estavam certos: o ano de 1882 foi um ano de redenção para os judeus porque marcou o início do retorno moderno a Sião. E ali, no momento do nascimento, houve um encontro, por mais difícil que fosse, entre o Oriente judaico e o Ocidente judaico. Não houvera nenhuma comunicação anterior entre eles; os judeus do Iêmen nada sabiam acerca dos grupos de jovens sionistas formados na Europa.

---

* N. T.: A cada uma das 22 consoantes do alfabeto hebraico é atribuído um valor numérico. Fazendo alusão ao Cântico dos Cânticos, 7:9, "e subirei à palmeira", em hebraico, à palmeira = BeTaMaR, o ano de 1882, no calendário hebraico, equivaleria a TaReMaB, que é um anagrama de BeTaMaR.

Esses iemenitas não eram "sionistas" em nenhum sentido político. Porém eram sionistas no sentido mais profundo: eram judeus que retornavam à sua terra natal, antecipando a restauração da soberania de seu povo.

O sionismo completou seu círculo no final do século XX, com a imigração em massa para Israel de judeus russos, refugiados de 70 anos de comunismo. Sujeitos à assimilação imposta pelo governo, proibidos de estudar e praticar sua fé, muitos dificilmente pareciam judeus. Mas aqui se juntaram ao povo judeu, aprenderam o idioma hebraico, viveram pelo ritmo do calendário judaico e se casaram com judeus de outras partes da Diáspora. Israel é o único lugar em que a assimilação funciona em favor da continuidade judaica.

Ouvi líderes palestinos citarem a imigração russa – com seu grande número de casamentos mistos – como prova da natureza inautêntica do *status* de nação dos judeus. Do ponto de vista sionista, porém, nenhuma de nossas ondas imigratórias é mais ou menos "autêntica". Judeus tradicionais do Iraque e do Iêmen, judeus assimilados da antiga União Soviética: todos são filhos e filhas nativos voltando para casa.

É possível, como insistem os antissionistas, separar o sionismo do judaísmo? O sionismo seria mera "política", em oposição ao judaísmo, que é a autêntica "religião"?

A resposta depende do que se entende por sionismo. Se se refere ao movimento político que surgiu no final do século XIX, então certamente há formas de judaísmo que são independentes do sionismo. Na era anterior ao estabelecimento de Israel, os judeus debateram com veemência a sabedoria do programa sionista. Judeus marxistas rejeitaram o sionismo como uma digressão da revolução mundial prevista. Judeus ultraortodoxos rejeitaram o sionismo como um movimento secularizante, enquanto alguns insistiam que apenas o messias poderia trazer os judeus para casa.

Mas, se por "sionismo" se entende o apego judaico à terra de Israel e o sonho de renovar a soberania judaica em nosso lugar de origem, então não há judaísmo sem sionismo. O judaísmo não é apenas um conjunto de rituais e regras, mas uma visão ligada a um lugar. Movimentos modernos que criaram formas de judaísmo desvinculadas do amor pela terra e pelo sonho de retorno acabaram fracassando.

Quando o Estado foi estabelecido, o antissionismo havia se tornado periférico na vida judaica. À exceção de uma ala vociferante, a maior parte dos judeus ultraortodoxos aceitou um Estado judeu. A Declaração de Independência de Israel foi assinada por representantes de quase todo o espectro da comunidade judaica – de ultraortodoxos a comunistas. Esse documento atesta a legitimidade, dentro do povo judeu, do Estado criado pelo sionismo.

Nos últimos anos, tem havido renovadas tentativas, em especial por parte de alas da esquerda na Diáspora, de criar uma identidade judaica separada de Israel. Contudo, uma vez que quase metade dos judeus do mundo vive em um próspero Estado de maioria judaica, esse debate está há muito resolvido. Se no passado não se podia separar a terra de Israel da vida judaica, o mesmo vale hoje com relação ao Estado de Israel.

No verão de 1982, pouco depois de Tishá BeAv, saí de minha casa na cidade de Nova York, embarquei em um avião da El Al e me juntei ao povo judeu na maior ousadia de sua história. Eu tinha 29 anos, era jornalista e solteiro. Deixei minha antiga vida sem olhar para trás.

A Guerra do Líbano havia recém-começado e Israel estava amargamente dividido. Esquerdistas e direitistas gritavam uns com os outros nas ruas. A inflação estava em 300%. E eu estava em casa.

De certa forma, foi bom chegar em um momento tão crítico na história de Israel, o que deixava pouco espaço para ilusão e decepção. Eu vim sem pré-condições ou expectativas. Fosse qual fosse o desenrolar dessa história, ela agora seria a minha história.

Quando as pessoas "em casa" ficaram intrigadas e me perguntaram por que eu havia abandonado os Estados Unidos pelo Oriente Médio, usei uma metáfora jornalística: eu precisava conhecer a realidade israelense não só das manchetes, mas das últimas páginas. Eu queria conhecer a textura, as nuances do retorno judaico.

Tudo parecia ao mesmo tempo familiar e estranho. Eu caminhava lentamente pelas ruas, sentindo-me um viajante do tempo que tinha tropeçado no futuro judaico. Então foi isso que os judeus sentiram quando voltaram para casa, eu repetia para mim mesmo.

Senti-me humilde diante da coragem que os israelenses comuns demonstraram, sua capacidade de enfrentar guerra e terror e onda após onda de imigrantes desamparados. Eu me senti privilegiado por vivenciar as festas judaicas no lugar em que deveriam ser celebradas. Ri dos absurdos da vida israelense dos primeiros anos de 1980, como a taxa de televisão que eu pagava pelo prazer de assistir ao único canal de TV estatal em preto e branco. Tentei compreender o impacto emocional e psicológico da vida em uma panela de pressão. Por que você deixou os Estados Unidos, você não estava bem lá?, adolescentes israelenses perplexos me perguntavam, e então queriam saber como poderiam obter um visto americano.

Durante esse tempo, uma ansiedade constante me acompanhava: os judeus irão conseguir desta vez? Afinal, perdemos esta terra duas vezes antes. A grande ironia da história judaica é que, não obstante toda a centralidade da terra de Israel no judaísmo, vivemos muito mais da nossa história fora dela do que dentro dela. Somos um povo de ambas, da pátria e da Diáspora. A Torá nos adverte de que a terra "vomitará você" – a linguagem dificilmente poderia ser mais explícita – se não correspondermos às expectativas de Deus. Nas palavras de uma oração judaica: "Por causa de nossos pecados fomos exilados de nossa terra." Uma terrível condicionalidade assombra nosso retorno. A soberania judaica nos foi confiada; seremos a geração sob cuja guarda ela será desfeita?

Os desafios que enfrentamos são enormes. Como remodelar em um único povo comunidades dispersas que tiveram pouca comunicação entre si por séculos? Como equilibrar identidades religiosas e seculares? Como criar um espaço cívico compartilhado por judeus israelenses e árabes israelenses? Como fazer a paz com inimigos que não aceitam nosso direito de estar aqui? Como nos defender da ameaça que existe em todas as fronteiras? Como conceder plenos poderes ao seu povo sem pôr em perigo o meu povo?

O consolo que os israelenses encontram é que os desafios que enfrentamos foram quase impossíveis desde o início do nosso retorno. Israel tem constantemente se surpreendido – para o bem e para o mal. Às vezes parece que pretendemos compensar dois milênios de soberania perdida ao comprimir em meras décadas a realização de todos os nossos sonhos, enquanto repetimos todos os erros que outras nações cometeram ao longo dos séculos.

No entanto, nenhum dos dilemas ou fracassos de Israel jamais me fez lamentar minha decisão de viver aqui. Ao contrário: as falhas de Israel são desafios, não impedimentos. Elas são *minhas* falhas, distorções no meu próprio ser judaico que preciso confrontar. No sucesso ou no fracasso, na glória ou na desgraça: a sina de Israel é a minha sina também, minha responsabilidade compartilhada. Esse é, para mim, o significado de sionismo.

O judaísmo foi concebido para ser vivido em comunidade, configurando a ética e o comportamento de uma sociedade. Aqui, então, está nossa chance de testar nossas mais nobres ideias – abstrações no exílio – contra a dura realidade. Esse é o lugar em que o mérito da história judaica está sendo decidido.

Embora minha mudança para cá tenha sido uma decisão individual, fui aceito por Israel como parte de um povo que volta para casa. Não importava se eu viesse de Nova York ou de Mumbai, se eu fosse um ativo econômico ou um fardo. Eu era um judeu voltando para casa e, portanto, elegível para a cidadania israelense.

Fui admitido segundo a "Lei do Retorno", que concede cidadania a qualquer judeu que a solicite. Imagino que a primeira lei que o Estado da Palestina irá aprovar será a sua própria lei do retorno, concedendo cidadania automática a qualquer palestino em sua diáspora que desejar voltar para casa. Esse é o dever de um Estado cuja existência destina-se a desfazer o exílio.

Toda vez que pouso no Aeroporto de Ben-Gurion depois de uma viagem ao exterior e me dirijo à fila destinada aos portadores de passaportes israelenses, vivencio um pouco da emoção que senti na qualidade de novo imigrante. Digo a mim mesmo que devo parar de ser sentimental, mas isso não funciona. Depois de todos esses anos, ainda sou grato por ser um israelense voltando para casa.

Por todos os motivos idealistas e aspiracionais que me trouxeram a Israel, no final eu vim por uma razão: porque era possível. Tive o privilégio de viver numa época em que Tishá BeAv não era mais a sentença definidora da história judaica.

CARTA 3

Sina e destino

Caro vizinho,

Então, quem são os judeus? Uma religião? Um povo? Uma etnia? Uma raça?

Essa pergunta impacta diretamente nosso conflito. Ela vai ao cerne da rejeição pelo mundo árabe da legitimidade de Israel como Estado-nação do povo judeu.

Os judeus começaram como uma família. Quatro mil anos atrás, Abraão e Sara fundaram uma dinastia que se tornou um povo e uma fé. Mas a família – um senso básico de pertencimento

CARTAS AO MEU VIZINHO PALESTINO

a uma sina* compartilhada, independentemente de suas crenças religiosas ou políticas – tem permanecido no âmago da identidade judaica desde então.

Os laços familiares entre os judeus podem ser expressos de maneiras dramáticas. Minha experiência formativa de pertencimento a uma família judaica global foi o movimento de protesto para salvar os judeus da antiga União Soviética. Eu me uni a esse movimento na década de 1960, quando menino no Brooklyn, protestando em nome de judeus que eu nunca conhecera e que viviam a milhares de quilômetros de distância. Mas a família não conhece fronteiras: era evidente para mim que, se meus irmãos e irmãs estivessem em crise, minha responsabilidade seria ajudar a salvá-los. "Salvar" os judeus soviéticos não significava protegê-los de perigo físico, porque eles não eram ameaçados de destruição real. Mas sua identidade judaica estava sob ataque de uma política do governo que proibia a educação e a prática judaicas, que tentava eliminá-los como judeus. E assim nos organizamos para evitar perdê-los como parte da família.

Judeus de todo o mundo organizaram uma campanha contínua de protestos que durou 25 anos e ajudou a redefinir a identidade e o propósito judaicos. Milhares de judeus de toda a Diáspora viajaram para a União Soviética, simplesmente para se encontrar com outros judeus e encorajá-los a que persistissem. A campanha de protesto se difundiu em todo o mundo, até que quase todas as comunidades judaicas, por menores ou mais remotas que fossem, se envolvessem nesse empenho.

---

* N. T.: O termo "fate" foi traduzido por "sina" e o termo "destiny" por destino. Em português, os dois termos são sinônimos, não havendo diferenciação entre eles. No idioma inglês, *fate* é interpretado como o desenvolvimento de acontecimentos na vida de uma pessoa que não estão sob seu controle. *Destiny*, por outro lado, diz respeito a acontecimentos futuros que, de certo modo, estão sob o controle do indivíduo e dependem de suas ações.

Finalmente, os portões da União Soviética se abriram no final de 1980 e os judeus perdidos se reuniram com seu povo.

A família judaica também se manifesta de formas mais íntimas. Em minhas viagens, experimentei as bênçãos de pertencer a uma família extensa e generosa, ampliando minha sensação de lar. Em Mumbai, fui recebido como hóspede por um casal judeu sem filhos e tratado como filho, porque em certo sentido eu era. Ao passar um ano em um vilarejo no sul da França, fiquei surpreso um dia ao receber caixas de produtos frescos, um presente para o ano novo judaico de alguém que eu não conhecia: um agricultor que tinha ouvido que um irmão judeu do exterior estava de visita. "Você é judeu?", às vezes me perguntam em aeroportos, e não é difícil dizer se a pergunta está sendo feita com hostilidade ou expectativa.

A adversidade nos diminuiu, mas também nos fortaleceu. Uma das razões pela qual os judeus se preocupam tão apaixonadamente um com o outro se deve à necessidade histórica. Esse senso de família também impactou nosso conflito, vizinho. Toda tentativa de destruir ou minar Israel ao longo dos anos apenas reforçou o apoio ao Estado judeu por judeus ao redor do mundo.

Entretanto, paradoxalmente, esse sentimento avassalador de família também pode solapar a solidariedade judaica. Como em qualquer família, expectativas mútuas podem levar a sentimentos de traição. Quando os judeus determinam que os membros da família traíram os interesses ou os valores da comunidade, eles podem se voltar uns contra os outros com um desprezo feroz. Esse é o lado sombrio da família judaica.

A forma que a família judaica assume é a de um povo.

A centralidade da condição de povo na identidade judaica ajuda a explicar a aparente anomalia dos judeus ateus.

No islamismo e no cristianismo, por exemplo, os adeptos que deixam de acreditar nos princípios básicos da fé não são mais muçulmanos ou cristãos. Mas judeus sem fé, que ainda permanecem fiéis ao seu povo – contribuindo com seu bem-estar, criando seus filhos como judeus –, serão totalmente considerados por outros judeus como parte do grupo.

Ao longo dos anos, tenho ouvido reiteradamente, de palestinos e de muçulmanos em geral, as afirmações a seguir, em diversas variações: Não temos nenhum problema com os judeus como religião. Tratamos vocês melhor do que os cristãos. Mas não somos solidários com sua insistência de que vocês são um povo, com direito à soberania nacional, porque sabemos que vocês não são um povo, mas uma religião.

Não aceitar os judeus como povo é um dos principais desacordos entre nós. Inclusive palestinos moderados que conheci e que desejam acabar com o derramamento de sangue tendem a negar que os judeus são uma nação autêntica. Enquanto os líderes palestinos insistirem em definir os judeus como uma religião, em vez de permitir que nos definamos conforme temos feito desde os tempos antigos – como um povo com uma determinada fé –, Israel continuará a ser visto como ilegítimo e sua existência como uma questão em aberto.

Para o judaísmo, a condição de povo tem uma dimensão espiritual decisiva. Se os judeus fossem apenas uma família cuja preocupação era a autopreservação – uma família ligada somente por uma sina compartilhada –, é duvidoso que teríamos sobrevivido a milhares de anos de peregrinação e adversidade. O coletivo judaico funciona em dois níveis: como família e como fé. O que fortaleceu a família judaica foi o seu senso de destino – de que o povo judeu tem um papel espiritual urgente a desempenhar na evolução da humanidade. O destino dá significado à nossa sina.

O judaísmo é a história de amor entre Deus e um povo. Esse romance é frequentemente tumultuado. Às vezes, como registrado na Bíblia, Deus acusa os judeus de descrença, e às vezes os judeus retribuem e acusam Deus de abandonar a aliança com eles, especialmente em tempos de perseguição aguda. Mas, enquanto o povo judeu existir, a história de amor persistirá.

O propósito do judaísmo é santificar um povo com o objetivo de santificar todos os povos. De acordo com essa crença, Deus separou um grupo aleatório de seres humanos – enfaticamente não uma nação de santos – e o expôs à revelação em massa no Monte Sinai, local em que apareceu não apenas para Moisés, uma única grande alma, mas para todo Israel. A própria normalidade do povo de Israel – uma nação de escravos libertos – foi, em certo sentido, o motivo de ele ter sido escolhido. Os judeus foram escolhidos, em outras palavras, não porque fossem inatamente especiais, mas porque não eram: o equivalente nacional de "um homem comum" – todo povo, qualquer povo. Eles deveriam ser um estudo de caso que estabelece precedente para o que acontece quando um corte transversal da humanidade é submetido a um encontro sem mediação com o divino. Sinai foi um ensaio para a revelação que a humanidade experimentará no ápice da história.

No que diz respeito a todas as crenças e valores que os judeus compartilham com muçulmanos e cristãos, como companheiros monoteístas, há uma distinção crucial. O islamismo e o cristianismo são fés universais, destinadas em princípio a todo ser humano. Cada uma dessas fés prevê um mundo futuro que será refeito à sua imagem; cada uma acredita que, no final da história, a humanidade abraçará seu caminho.

O judaísmo, ao contrário, é uma fé destinada a um povo específico.

O judaísmo compartilha com o islamismo e o cristianismo uma visão universal: a de que a realidade de Deus será um dia tão autoevidente quanto a realidade material é hoje. As três fés visam preparar a humanidade para a revelação da presença de Deus. No sonho judaico do futuro, toda a humanidade reconhecerá a unidade da existência e ascenderá em peregrinação à "casa de Deus" em Jerusalém.

Mas o judaísmo não espera que a humanidade se torne judia. Em vez disso, o papel dos judeus é ser uma vanguarda espiritual, atestando a presença de Deus – sobretudo devido à sua improvável sobrevivência –, ajudando a preparar a humanidade para o seu avanço à transcendência: uma estratégia particularista para um objetivo universal.

A estrutura da Bíblia hebraica revela o propósito dos judeus. Começa como uma história universal: a criação dos primeiros humanos; sua misteriosa queda neste mundo físico a partir do "Jardim do Éden", um estado superior de ser; o início do fratricídio; a incapacidade da humanidade de transcender o nível da existência animal – culminando em uma destruição apocalíptica que a Bíblia chama de "o dilúvio".

O fracasso da humanidade em cumprir o plano de Deus exigia uma nova estratégia divina. E assim Deus designou Abraão para fundar um povo, por meio do qual, como a Bíblia coloca, "todas as nações da terra serão abençoadas". A Bíblia então estreitou seu foco e se converteu na história de um povo, lutando para sobrepujar a natureza humana e se tornar "um reino de sacerdotes e uma nação santa". O plano redentor de Deus para a humanidade exigia um povo que sustentasse essa visão ao longo da história. Para o judaísmo, então, povo e fé são inseparáveis. Não há judaísmo sem um povo judeu.

A Bíblia hebraica culmina com uma visão universal – um tempo em que a presença de Deus será, nas palavras de Isaías, "visível como as águas do mar" – e a humanidade abraçará sua unicidade. A narrativa bíblica retorna às suas raízes universais e a humanidade retorna ao Jardim do Éden, mas em um estado evolutivo superior, tendo amadurecido pelas suas experiências na história.

Cada estratégia religiosa – a abordagem universal do islamismo e do cristianismo, e a abordagem de condição de povo do judaísmo – tem uma vantagem e uma desvantagem espiritual. A vantagem de uma fé universal é que ela vê toda a humanidade como sua responsabilidade imediata. Fico profundamente comovido com as cenas de milhões de peregrinos reunidos em Meca, representando uma multiplicidade de nações. No entanto, todas as fés universais abrangentes devem lutar contra a tentação de definir seu caminho como o único caminho legítimo a levar a Deus.

Dado que o judaísmo é destinado a um povo específico, ele pode acomodar a validade de outras fés. Como judeu, não tenho expectativas de refazer a humanidade à minha imagem religiosa e, por isso, sou grato a outras fés por oferecer caminhos variados para Deus. O islamismo e o cristianismo trouxeram inúmeras almas a um relacionamento com Deus – e, ao que parece, com as histórias sagradas do meu povo. Agora o judaísmo está encontrando o hinduísmo e o budismo, e rabinos e estudiosos estão começando a lidar com uma compreensão judaica daquelas fés essenciais.

O perigo de uma fé baseada na condição de povo é a auto-obsessão. Há uma tendência, especialmente entre os judeus mais fervorosamente tradicionais, de ignorar o restante da humanidade e seus problemas. Em parte, isso é consequência de milhares de anos de perseguição, que levaram muitos judeus a uma espécie de isolamento protetor. Contudo, a tentação que o judaísmo deve enfrentar é a de esquecer seu objetivo universal e imaginar que a preocupação primordial de Deus não é com a humanidade, mas com um único povo.

Os judeus não são um povo hermeticamente fechado, muito menos uma etnia ou uma raça – como qualquer cena de rua em Israel, com sua diversidade humana radical, revela. O judaísmo está aberto aos conversos. O judaísmo ortodoxo faz da conversão um processo árduo (outras correntes judaicas, menos). Porém, uma vez concluído o processo, o converso é considerado como qualquer outro judeu. Os judeus são proibidos de lembrar os conversos de suas origens, para evitar que seja transmitida, ainda que sutilmente, a mensagem de exclusão da comunidade de Israel.

Uma das figuras judaicas mais queridas é Rute, a moabita, que se converteu ao judaísmo e é bisavó do rei Davi, fundador da linhagem messiânica. A tradição que liga um converso ao messias é um lembrete para os judeus: somos um povo particular com um objetivo universal.

De acordo com o Livro de Rute, o processo de conversão da bisavó do rei Davi consistiu simplesmente de uma declaração. Rute disse a Noemi, sua sogra judia: "Seu povo será meu povo, seu Deus, o meu Deus."

A ordem desses dois votos revela algo essencial sobre como o judaísmo antigo via não só o processo de se tornar um judeu, mas a natureza da identidade judaica. Primeiro, Rute declara sua fidelidade ao povo de Israel. E, depois, afirma sua fé em Deus. A base da judaicidade é o pertencimento a um povo.

Um dos argumentos que ouvi de alguns palestinos é que o Estado de Israel carece de legitimidade histórica porque os asquenazitas – judeus de origem europeia – não são descendentes dos antigos israelitas, mas dos cazares medievais – uma tribo turca cujo rei, junto com muitos de seu povo, se converteu ao judaísmo no século VIII e.c. A noção de que os judeus asquenazitas descendem dos cazares é rejeitada pela maioria dos historiadores. (E o que dizer dos *mizrahim* – judeus oriundos do Oriente Médio?)

Porém, mesmo que todos os judeus vivos hoje fossem descendentes dos cazares, isso não afetaria sua legitimidade como judeus. Conversos e nascidos judeus são intercambiáveis; uma vez que você assume um compromisso com o povo judeu e sua fé, você é retroativamente vinculado às suas próprias origens – aos primeiros judeus convertidos, Abraão e Sara. Existe inclusive a noção mística de que as almas dos conversos estavam no Monte Sinai para receber a Torá junto com o restante do povo judeu.

Minha esposa, Sarah, que foi criada como cristã, passou por um processo de conversão semelhante ao de Rute. Primeiro, ela se apaixonou pelo povo judeu (como Rute, por meio de um judeu em particular), e então passou a amar o Deus do povo judeu e a seguir nesse caminho. Quando ela se converteu, escolheu o nome Sarah porque, como sua xará, ela também estava criando uma linhagem judaica.

Tendo sido formado para um propósito divino, o próprio povo judeu se tornou uma categoria religiosa. A lealdade para com o povo judeu é, para o judaísmo, um ato *religioso*. É por isso que os sionistas religiosos nunca hesitaram em fazer parceria com os sionistas seculares, que amam e protegem seu povo. Para os judeus religiosos, fortalecer o povo judeu contribui para a sua capacidade de funcionar como um mensageiro divino no mundo.

A relação inerente entre o pertencimento ao povo e a religião nem sempre foi aceita por todo o grupo judeu. No século XIX, por exemplo, o judaísmo reformista declarou que os judeus eram apenas os praticantes de uma fé. Esse posicionamento evoluiu desde então e, atualmente, o judaísmo reformista abraça uma identidade judaica normativa que inclui pertencimento ao povo e apego a Israel. No extremo oposto do espectro religioso estão os ultraortodoxos, que surgiram na Europa no século XIX como uma ideologia antimoderna e cuja relação com a noção de povo é ambivalente. Embora certamente aceitem o pertencimento a um povo como parte de sua identidade religiosa, o separatista ultraortodoxo na verdade coloca a prática religiosa rígida antes da unidade judaica básica, excluindo grande parte da comunidade judaica predominante.

A noção de um povo escolhido por Deus não tinha o intuito de conceder privilégios, mas sim responsabilidade. A história judaica atesta que esse papel implica mais um fardo do que uma glória. A maneira clássica pela qual os judeus entendiam sua própria história era como a história de um povo que não conseguiu viver na intensidade da presença de Deus. Essa é a história contada pela Bíblia hebraica – uma epopeia nacional surpreendente em sua crítica implacável do povo que supostamente se destina a celebrar.

Com a ascensão do cristianismo e do islamismo, a autocrítica judaica no que diz respeito aos nossos fracassos espirituais se transformou em um ataque externo à nossa própria legitimidade. O judaísmo foi descartado como obsoleto, um fracasso. Mas os judeus resistiram a esse julgamento. Vivendo por séculos em terras muitas vezes hostis, eles ainda acreditavam que Deus pretendia que desempenhassem um papel espiritual fundamental na história. E essa função seria ativada assim que voltassem para casa, onde funcionariam novamente como um coletivo soberano.

Há judeus que distorcem a ideia de povo escolhido, convertendo-a de uma base para servir à humanidade em um separatismo ressentido em relação ao mundo. O ato de ter sido escolhido pode se transformar em uma forma de vaidade, uma teologia de autoglorificação. No vasto corpo da literatura judaica religiosa é possível encontrar, com facilidade, exemplos de chauvinismo, juntamente com seu oposto. Para alguns judeus, o particularismo se torna um fim em si mesmo, e o propósito universal para o qual o povo de Israel foi designado – ser uma bênção para as nações – é substituído por um sentimento exagerado de centralidade judaica.

No entanto, também enfrentamos o problema oposto.

Ao longo de nossa história, tem havido judeus que, ansiando pelo desfecho universal, optaram por não fazer parte do povo judeu. Se o objetivo é a unidade humana, por que continuar agarrado a um separatismo ultrapassado? Esse, com efeito, foi o argumento de Saulo de Tarso, que se tornou São Paulo. Uma impaciência com o "tribalismo" levou muitos judeus nos séculos XIX e XX a trocar a identidade judaica pelo marxismo messiânico, com consequências desastrosas, principalmente para os próprios judeus.

Sustentar a tensão entre o particular e o universal é um dos grandes desafios do povo judeu atualmente. Uma parte se entrincheirou no que tange aos aspectos mais constritos e triunfalistas da nossa tradição, enquanto outra está tão aberta ao restante do mundo que corre o risco de desaparecer totalmente da história judaica.

Para mim, carregar uma tradição de 4 mil anos que prosperou, não obstante a hostilidade às vezes esmagadora, é um privilégio e uma responsabilidade. Nossa história é uma parte vital da história humana, e acredito que a humanidade ainda precise da voz da história judaica. Na minha identidade judaica, o particular e o universal coexistem. Um compromisso reforça o outro.

CARTA 4

Narrativa e presença

Caro vizinho,

Hoje é o Dia da Independência de Israel, e minha colina está coberta das cores nacionais azul e branco. Há pequenas bandeiras israelenses nas janelas dos carros – alguns deles inclusive ostentam duas bandeiras – e bandeiras maiores estão penduradas nas varandas.

Tanta história tem sido condensada nessas sete décadas de independência. Saltamos do pioneirismo israelense, quando jovens trabalhavam a terra com uma espécie de devoção religiosa, ao Israel pós-moderno, com *shoppings* e *reality shows*. De um empobrecido remanso agrário para uma potência econômica, com um dos maiores números de *startups* de alta tecnologia do mundo. De barracos de madeira repletos de judeus refugiados às torres de vidro de Tel Aviv. Da mais igualitária das sociedades dentre os países ocidentais, de uma sociedade com a menor diferença salarial entre o primeiro-ministro e o funcionário que limpa o seu escritório, para uma sociedade com uma das maiores disparidades salariais do Ocidente. Do admirado pequeno Israel do *kibutz* comunitário ao insultado "grande Israel" dos assentamentos na Margem Ocidental.

O maior sucesso de Israel é sua população: quase 9 milhões de cidadãos, dos quais cerca de 2 milhões de árabes. Israel contém a maior comunidade judaica – quase a metade dos judeus do mundo. Se tendências demográficas continuarem, a maioria dos judeus do mundo em breve viverá aqui. Quando o Estado foi fundado, em 1948, havia meio milhão.

Um helicóptero sobrevoa sua colina. Sinto um alívio involuntário: estamos sendo protegidos, especialmente neste dia, um momento tentador para ataques terroristas. Mas então penso em você: como deve ser assustador para você e seus filhos ouvirem helicópteros sobrevoando sua casa. Esta é a maldição do nosso relacionamento: minha proteção é a sua vulnerabilidade; minha celebração, a sua derrota.

O inverso também pode ser verdadeiro. Às vezes, minha desgraça evoca alegria entre alguns dos meus vizinhos palestinos. Quando mísseis são lançados pelo Hezbollah em cidades israelenses no Norte, ou pelo Hamas em cidades do Sul, fogos de artifício comemorativos iluminam sua colina.

Sarah e eu convidamos parentes e amigos para o feriado e fizemos um piquenique no gramado ao lado do nosso apartamento. Assistimos às mesmas velhas comédias israelenses pela TV, como costumamos fazer a cada Dia da Independência. Não sentimos vontade de ir a nenhum lugar; este é um dia para os prazeres simples do lar.

Ontem, Dia da Memória dos nossos soldados mortos, ficamos de luto. O fato de a independência ser celebrada no dia seguinte é uma expressão de nossa vida nacional emocionalmente polarizada. E, no entanto, também há algo profundo nessa intimidade de luto e festa, a insistência em lembrar o preço que pagamos pela independência. O momento mais triste neste país não é o Dia do Holocausto, que recordamos na semana passada, mas o Dia da Memória, um lembrete de que este é um país em que os pais às vezes devem enterrar seus filhos para que Israel possa viver. No Dia do Holocausto, lamentamos as consequências da impotência; no Dia da Memória, lamentamos as consequências do poder.

A quase total ausência de discurso bombástico nacionalista no Dia da Memória é extraordinária para um país sob cerco permanente. As músicas no rádio são tristes, tranquilas; os curtas-metragens na TV, cada um focando uma vida jovem ceifada muito cedo, contam histórias humanas mais do que nacionais. Há um amor profundo ao país nesses documentários curtos, mas nenhuma glorificação do sacrifício. Os jovens às vezes são lembrados como heróis, mas sempre como filhos, irmãos, amigos. Quando um soldado tomba, nós o transformamos de novo em criança.

Há, é claro, outro aniversário que se seguirá ao nosso Dia da Independência: o seu dia de luto, o Dia da Nakba.[*] A catástrofe palestina de 1948. Não de 1967, não da ocupação e dos assentamentos na Margem Ocidental, mas da fundação

---

[*] N. T.: A narrativa tradicional palestina vê o Dia da Independência de Israel e sua vitória sobre os Estados árabes como uma catástrofe, e assim a data é conhecida em árabe como Al Nakba, a catástrofe.

de Israel. Esse é o cerne da queixa palestina contra mim. Minha existência nacional.

E assim, vizinho, antes de discutirmos como chegar a uma solução de dois Estados, baseada nas fronteiras de 1967, precisamos voltar a 1948 – e ainda antes, às origens do conflito. De volta a 1882, quando o primeiro grupo de jovens sionistas desembarcou no porto de Jaffa. Precisamos compreender as narrativas históricas concorrentes que carregamos conosco e que os diplomatas tentaram contornar no caminho para uma solução – não surpreendentemente, com resultados tão sombrios.

Tenho diante de mim um livro de fotografias da Terra Santa. As fotos foram encomendadas pelo sultão turco Abdul Hamid II no final do século XIX e retratam a terra no momento que antecedeu a chegada dos sionistas. Há fotografias de lugares sagrados, capturadas na aparente intemporalidade, sem as multidões de fiéis e turistas que ali se reúnem hoje. As aldeias e inclusive as cidades parecem esparsas, sufocadas por um entorno vazio.

As fotografias às quais continuo voltando são as dos árabes. Aqui está um grupo de mulheres reunidas perto de um poço, cântaros sobre a cabeça; um homem e uma mulher sentados sobre pedregulhos, de frente um para o outro, falando sem inibição diante de uma câmera fotográfica; um xeique de barba branca, trajando um turbante e um manto, sorri ao longe.

Em contraste, os judeus neste álbum parecem derrotados pelas circunstâncias. Eles são os devotos moradores do "velho *yishuv*", a comunidade judaica que antecedeu a imigração sionista e existia na terra por séculos como minoria. Nessas imagens não há sorrisos, nem gestos leves. Os barbudos, alguns com cafetãs manchadas, parecem estar sofrendo de uma amarga velhice. Quase todos neste álbum, árabes e judeus, são pobres, mas a pobreza dos judeus parece mais devastadora.

Não há sinais de vida normal, não há pastores ou lavradores judeus. Em vez disso, os homens são fotografados orando ou simplesmente posando com livros religiosos. (Mulheres judias não são vistas.) Alguns vieram para morrer na Terra Santa; a maioria vivia de doações de judeus no exterior.

Sou grato aos judeus do antigo *yishuv* por manterem viva a conexão orgânica do povo de Israel com Sião. Sua própria presença aqui era um lembrete da promessa de um possível retorno. E, no entanto, entendo o desprezo que os primeiros sionistas sentiam por eles. Os jovens pioneiros deixaram para trás os guetos da Europa para construir uma nova vida judaica de trabalho na terra – e acabaram encontrando, nos antigos quarteirões judaicos de Jerusalém e Hebron e Safed, as mesmas costas curvadas do gueto, a cautela condicionada, a pobreza da passividade. O velho *yishuv* incorporou o efeito corrosivo do exílio na vida judaica: mesmo aqueles judeus que viviam na terra de Israel pareciam desarraigados.

A fotografia final do álbum mostra os barqueiros do porto de Jaffa que transportavam passageiros e carga dos navios que chegavam e não podiam atracar por causa dos pedregulhos. Uma tripulação de nove homens, alguns deles usando fez, estava sentada em um longo barco, remos erguidos e prontos; veem-se, à distância, dois navios que se aproximam. Imagino jovens pioneiros judeus nesses navios, esforçando-se para vislumbrar seu novo lar. Em um átimo, os barqueiros estarão reanimados e transportarão os imigrantes para o porto.

Quero me deter nesta fotografia. Não por sua qualidade artística: os rostos não estão nítidos e a fotografia é banal. No entanto, para mim, esta é a imagem mais comovente do livro, justamente porque seus protagonistas não fazem ideia de que ocupam uma posição de destaque no momento de transição que destruirá seu mundo para sempre.

Os jovens sionistas chegaram com uma narrativa poderosa – uma história de 4 mil anos que ligava seu povo a esta terra. Eles vieram para serem construtores e lavradores e pastores de cabras – o oposto das fotos dos judeus do sultão Abdul Hamid. Seu sucesso seria a renativização do povo judeu, criando uma geração após outra de nativos judeus nesta terra.

Muitas vezes ouvi de palestinos que, assim como os turcos otomanos vieram para cá e foram embora, e os britânicos vieram para cá e foram embora, também os sionistas partirão um dia. Essa analogia ignora a conquista singular do sionismo. Nenhum daqueles invasores criou uma sociedade próspera, muito menos um Estado soberano. Eles finalmente voltaram para a sua própria terra. Mais do que tudo, preciso que você entenda isso: os judeus tiveram sucesso, ao contrário do fracasso dos cruzados, dos otomanos e dos britânicos, porque não viemos apenas para cá. Nós retornamos.

Tragicamente, cada lado tentou, em diferentes estágios do conflito, negar a legitimidade da identidade nacional do outro, racionalizar o outro como não existente. Alguns judeus continuam tentando "provar" que a identidade nacional palestina é uma ficção, que você faz parte de um povo inventado. Claro que sim – e nós também. Todas as identidades nacionais são, por definição, inventadas: em certo ponto, grupos de pessoas determinam que compartilham mais em comum do que separados e se inventam como nação, com uma língua, uma memória e uma história desenvolvida em comum. O surgimento de uma nação é um processo inerentemente subjetivo. Como diz uma velha canção hebraica sobre o nascimento do sionismo moderno: "De repente uma pessoa acorda de manhã / sente que é um povo / e começa a caminhar." Não conheço melhor descrição para a criação de um povo.

Precisamos respeitar o direito um do outro de contar nossas próprias histórias. É por isso que lhe escrevo, vizinho: para lhe contar a minha história, não a sua. Se você optar por responder, como espero que faça, você me contará a sua interpretação da sua história. Respeito o seu direito de se definir, e insisto no mesmo direito. Esse é o caminho para a paz.

Consegui entender algo do poder da identidade nacional palestina quando servi ao exército na época da Primeira Intifada. Nas minhas patrulhas em Gaza e na Margem Ocidental, enfrentei jovens atirando pedras em soldados armados, lutando por seu povo, e senti respeito por eles como adversários dignos. No lugar deles eu teria feito o mesmo. A primeira intifada foi o momento em que muitos israelenses começaram a perceber que estávamos errados ao não admitir a condição de nação dos palestinos. Uma maioria israelense gradualmente se uniu a favor da solução de dois Estados – até então um posicionamento vindo principalmente de uma ala da extrema esquerda israelense. O direito palestino à autodeterminação tornou-se parte do discurso israelense dominante.

No entanto, o movimento nacional palestino, do Fatah ao Hamas, junto com grande parte dos mundos árabe e muçulmano, continua a descartar a noção de um povo judeu. No início, essa negação era compreensível. Afinal, os judeus viveram durante séculos sob o islamismo como minoria religiosa. Por que, argumentavam os muçulmanos, deveríamos aceitar a reinvenção, no século XIX, dos judeus como nação? Aquela percepção baseava-se em uma leitura errada fundamental de como os judeus sempre se perceberam: um povo com uma fé particular. Os judeus viveram como uma minoria religiosa pela coerção das circunstâncias; nunca deixaram de antecipar o momento em que voltariam a ser uma nação soberana. Essa esperança era um fundamento de sua fé religiosa.

Quando o conflito começou, esta terra estava praticamente vazia. Essa é a impressão avassaladora transmitida pelas fotografias do sultão Abdul Hamid e as estatísticas confirmam o fato. No final do século XIX, havia aqui quase meio milhão de habitantes – a grande maioria árabe. (Atualmente, quase 13 milhões de pessoas, israelenses e palestinos, vivem entre o rio e o mar.) Mesmo com o crescimento da presença das comunidades árabe e judaica, a terra foi capaz de acomodar duas nações.

A intenção do sionismo era reassentar os judeus, não desalojar os palestinos. Inclusive Zeev Jabotinsky, o mais extremista líder sionista da época pré-Estado, aceitou como fato autoevidente que o futuro Estado judeu incluiria uma grande minoria árabe à qual, ele escreveu, seria concedida igualdade com os judeus.

O confronto entre nossos povos era inevitável?

Dada a narrativa e as necessidades de cada lado, a coexistência era, em retrospecto, provavelmente impossível. Na década de 1930, líderes sionistas e palestinos tentaram discretamente chegar a um acordo. Mas enquanto a posição sionista dominante naqueles anos apoiava dois Estados para dois povos, a posição palestina dominante rejeitou qualquer soberania judaica em qualquer parte da terra, por menor que fosse.

O conflito se concentrou principalmente na imigração judaica. Os judeus precisavam se reconstituir como uma maioria soberana em pelo menos parte da terra, o que significava trazer um grande número de imigrantes; os palestinos procuravam impedir que fossem transformados em uma minoria em qualquer parte da terra, o que significava tentar bloquear a imigração judaica.

Outro choque de interesses básicos decorreu do "trabalho hebraico" – o *ethos* sionista socialista de encorajar jovens judeus a adotar uma vida de trabalho manual. Naqueles anos, a principal corrente sionista era em grande parte socialista, contando com uma forte ala de esquerda radical. De acordo com a antiga ideologia sionista socialista, a vida judaica no exílio havia sido corrompida de várias formas, especialmente a econômica. Ao longo dos séculos, os judeus foram muitas vezes proibidos de possuir terras e de se tornarem agricultores, e assim forçados à periferia econômica. Para os sionistas socialistas, curar o povo judeu significava transformar judeus de comerciantes e intelectuais *luftmenschen** em uma classe camponesa e trabalhadora. Seu argumento era de que a única maneira de construir uma sociedade judaica autossuficiente na terra de Israel seria criar um proletariado judeu – evitando a todo custo uma sociedade estratificada na qual os judeus fossem os gerentes e os árabes, os trabalhadores.

Mas quando os pioneiros socialistas começaram a chegar, na virada do século XX, eles se depararam, para seu horror e vergonha, com uma realidade muito diferente. Os pioneiros não socialistas que os precederam na primeira onda sionista que começou em 1882 haviam estabelecido aldeias agrícolas nas quais os camponeses árabes eram empregados como mão de obra barata. Esse foi o pior pesadelo dos socialistas. Como poderia um Estado judeu ser construído por uma classe proprietária de terras? Para os socialistas, o próprio futuro do povo judeu dependia da criação de uma classe trabalhadora judaica. Por conseguinte, os jovens pioneiros se organizaram em um sindicato e passaram a concorrer com os árabes por trabalhos braçais no campo. O objetivo não era negar trabalho aos árabes, mas fazer os judeus trabalharem. O resultado foi o surgimento de uma

---

* N. T.: Literalmente, pessoas que vivem no e do ar; pessoas que não se preocupam com as praticidades de ganhar o seu sustento.

classe trabalhadora judaica – por vezes às expensas de trabalhadores árabes.

O "trabalho hebreu" é instrutivo porque revela as escolhas impossíveis com as quais o sionismo se defrontava. Se optasse pelo caminho não socialista, acabaria dominando os trabalhadores árabes; se optasse pelo caminho socialista, transformaria o mercado de trabalho numa luta entre dois povos.

A maior fonte de conflito entre nossos povos estava relacionada à terra. Primeiro sob o domínio otomano, depois sob o domínio britânico, o movimento sionista comprou extensões de terra – e cada *dunam** estabelecido pelos judeus durante essas décadas foi pago. Nessa fase decisiva de replantio de uma presença judaica ativa, não houve confisco de terra. O movimento sionista comprava terras de quem estava legalmente autorizado a vendê-las. Frequentemente, isso significava proprietários árabes de terra absentistas. Às vezes, a terra estava desabitada – pântanos infestados de malária ou terrenos rochosos –, pela qual os sionistas pagaram preços exorbitantes. (Os preços da terra aumentaram *5.000%* entre 1910 e 1944, principalmente por causa das aquisições sionistas.) Entretanto, os obstinados judeus transformaram o terreno aparentemente menos habitável em campos e jardins.

Algumas dessas terras pertencentes a proprietários absentistas eram habitadas por camponeses árabes que as haviam trabalhado por toda a vida e que agora haviam sido despejados, embora com alguma compensação financeira. O fato de frequentemente terem sido socialistas radicais que criaram comunas igualitárias na terra recém-adquirida só aprofundou a ironia. Mais uma peça dessa tragédia que se desenrola, na

---

* N. T.: Unidade de área do período otomano. Em Israel, um dunam equivale atualmente a 1.000 m².

qual nenhum lado poderia evitar que o outro fosse visto como um obstáculo para as suas necessidades mais básicas.

Enquanto contemplo essa história, uma parte de mim aplaude e a outra está profundamente entristecida. Aplaudo os jovens heroicos, mal saídos da adolescência, que sacrificaram seus melhores anos para plantar e cultivar, preparar a terra para o retorno dos judeus. E choro por seu povo, vizinho, pelas pessoas nas fotografias do sultão, cujas vidas são gradualmente conturbadas e, à medida que o conflito entre nossos lados atinge seu momento decisivo em 1948, desarraigadas e destruídas. E lamento, querido vizinho, por você e por mim, porque, assim como a oportunidade de uma solução de dois Estados foi desperdiçada em 1947, nós, também, parecemos presos na lógica contraditória de um conflito existencial, ao qual cada geração acrescenta sua própria medida de amargura e ressentimento mútuos.

Há momentos em que não aguento mais essa disputa entre nós. Todo argumento que qualquer um de nós pode oferecer – relacionado à história, à ideologia, à política – parece conter seu contra-argumento. Quanta energia temos desperdiçado tentando provar a justeza de nossas reivindicações e o suposto vazio das reivindicações do outro? Quanta atenção do mundo foi desviada para essa disputa aparentemente interminável? Um conhecido historiador armênio uma vez me disse como lhe era insuportável perder seu tempo escrevendo sobre o genocídio de seu povo, refutando as negações turcas. É humilhante, ele disse, e intelectualmente sufocante. Quantos livros não escritos, lamentou, ele havia sacrificado à polêmica armênia?

Eu também me sinto esgotado por essa discussão entre nós. Mas persisto porque a legitimidade da história de Israel está sob ataque, e isso ameaça o cerne da existência judaica.

Minha definição para os judeus é essa: somos uma história que contamos a nós mesmos sobre quem pensamos que somos. É por isso que o ritual judaico central que a maioria dos judeus continua a praticar, não importa quão distante esteja do judaísmo, é o *seder* do Pessach, a releitura das nossas antigas origens como povo.

Espero que chegue um momento em que não sintamos mais a necessidade de discutir sobre nosso passado traumático compartilhado e, em vez disso, nos concentremos em nosso futuro compartilhado.

A guerra contra o sionismo começou de fato depois da Primeira Guerra Mundial. À medida que os judeus aprofundavam sua presença na terra, os árabes responderam com violência crescente. Os *pogroms* foram importados da Rússia czarista para a Palestina. O pior deles ocorreu em 1929, na cidade sagrada de Hebron, quando 69 judeus desarmados – membros do velho e religioso *yishuv* – foram massacrados, muitos literalmente esquartejados, por uma turba árabe. Ao mesmo tempo, cerca de 400 judeus foram salvos por seus vizinhos árabes.

Esse acontecimento foi um ponto crítico no pensamento sionista. Até então muitos acreditavam que a coexistência fosse possível, inclusive provável a longo prazo. Depois disso, porém, David Ben-Gurion e outros líderes sionistas começaram a se preparar para um conflito prolongado.

Nesse ínterim, no mundo árabe, as ameaças contra sua população judaica de quase 1 milhão de habitantes se intensificaram. Um dos mais proeminentes líderes palestinos, o grande mufti de Jerusalém, Haj Amin al-Husseini, passou a Segunda Guerra Mundial como convidado de Hitler em Berlim, transmitindo apelos ao mundo muçulmano para que se alinhasse com os nazistas e encorajasse seus anfitriões a estender o genocídio da Europa para o Oriente Médio. Numa entrevista em 1947 a um jornal egípcio, Azzam Pasha, secretário-geral da Liga Árabe, advertiu os judeus a não criarem um Estado: "Espero que os judeus não nos forcem a esta guerra, porque será uma guerra de extermínio e um massacre monumental, dos quais se falará como o massacre da Mongólia e as Cruzadas." Azzam Pasha pelo menos falou com pesar; outros líderes árabes invocaram o discurso de genocídio com antecipação.

A etapa final começou em 29 de novembro de 1947, com o voto da ONU para estabelecer "Estados independentes árabe e judeu", na linguagem da resolução da Assembleia Geral. Aquela decisão foi aceita pela maior parte do movimento sionista e rejeitada por todo o movimento nacional palestino, que declarou guerra contra a presença judaica. Um dia depois da votação na ONU, os judeus foram atacados em todo o país. E quando Israel foi estabelecido seis meses depois, em 14 de maio de 1948, cinco exércitos árabes invadiram o território com a intenção de destruir o Estado judeu recém-criado.

A narrativa do seu lado daqueles eventos foi resumida pelo líder palestino Mahmoud Abbas em um artigo do *The New York Times* em 2011. Pouco depois do voto de partilha da ONU, escreveu Abbas: "As forças sionistas expulsaram os árabes palestinos para garantir uma maioria judaica decisiva no futuro Estado de Israel, e os exércitos árabes intervieram. Guerra e outras expulsões se seguiram."

Os judeus israelenses leram as palavras de Abbas e ferveram de raiva. E o que acontece no que diz respeito à aceitação sionista da partilha, Sr. Abbas? E à rejeição palestina da partilha? E aos ataques palestinos generalizados e não provocados contra as comunidades judaicas imediatamente após a votação na ONU? Os exércitos árabes "intervieram" para tentar ajudar os palestinos ou para cumprir as reiteradas promessas de seus líderes, de destruir o Estado judeu?

Um amigo muçulmano americano uma vez me explicou por que as nações árabes e muçulmanas rejeitaram por unanimidade a partilha. A ONU, disse ele, era naqueles anos um clube de homens brancos, que não tinha o direito de dividir terras no Oriente Médio, assim como a Declaração Balfour britânica em 1917 não tinha o direito de conceder aos judeus qualquer parte da Palestina.

No entanto, os judeus dificilmente precisavam da aquiescência da comunidade internacional para provar a justeza de nossa alegação. A Declaração de Independência de Israel cita raízes históricas judaicas e o apego à terra como prova da nossa legitimidade – "A terra de Israel foi o berço do povo judeu", começa –, e só depois menciona o endosso da ONU a um Estado judeu. A ONU não "deu" aos judeus um Estado, do mesmo modo que os britânicos não nos "deram" nossos direitos nativos; nossa reivindicação a terra vem do nosso próprio ser. Veio daqueles judeus que construíram a infraestrutura do Estado emergente – que existia em tudo menos no nome na época da votação na ONU. Veio daqueles judeus que lutaram uma guerra clandestina e expulsaram os ocupantes britânicos, em uma das revoltas anticoloniais mais bem-sucedidas do Oriente Médio.

Os defensores da rejeição árabe da partilha observam que a ONU concedeu 55% da terra aos judeus, embora eles ainda fossem uma minoria. Essa objeção, porém, ignora o fato de que mais da metade da área determinada para o Estado judeu era constituída de deserto, enquanto aquela destinada ao Estado árabe continha a terra mais fértil. Mas porventura algum plano de partilha teria sido aceitável pelo lado árabe? Mesmo que o Estado judeu recebesse apenas uma fração da terra, o mundo árabe quase certamente teria ainda rejeitado a partilha, porque qualquer forma de soberania judaica nesta terra era considerada um crime.

Para mim, o argumento palestino direto contra a partilha é o mais convincente. Como muitas vezes ouvi os palestinos dizerem: se um estranho se instalasse indevidamente em sua casa, você aceitaria dividir a casa com ele? Mesmo que ele lhe desse três cômodos e mantivesse "apenas" dois, você consideraria esse acordo justo?

Parte de mim simpatiza com essa posição. Cresci na ala direita do movimento juvenil sionista Betar – o movimento maximalista de Jabotinsky e Menachem Begin –, que também rejeitou o plano de partilha da ONU. Eu tinha 13 anos quando me filiei ao Betar, e sua intransigente insistência de que toda a terra nos pertencia por direito me comovia profundamente. Como adolescente, eu usava um colar no qual estava pendurado um pequeno mapa prateado da terra de Israel, como nós a entendíamos – incluindo não só a Margem Ocidental, como também o território que se tornou o reino da Jordânia, que os britânicos haviam separado da Palestina histórica e concedido aos hachemitas. Quem eram os britânicos, questionávamos, para decidir a sina de nossa terra ancestral? "As duas margens do Jordão são nossas", cantávamos, "essa e a outra também".

Eu estava tão absorvido pela justiça da reivindicação do meu povo que não podia ouvir a alegação contrária do seu povo. Mais velho, na casa dos 20 anos, comecei a fazer perguntas subversivas: Como os palestinos percebem esse conflito? Qual é a base do seu argumento? A curiosidade levou à empatia – os grandes inimigos da presunção. Finalmente, veio a percepção de que uma conciliação – seja na vida pessoal ou na vida de uma nação – oferece um tipo de realização não menos "autêntico" que posturas maximalistas.

Mas em 1948, enquanto nossos dois povos travavam uma guerra que cada qual percebia como de sobrevivência nacional, nenhum dos povos poderia se permitir empatia. Essa era a guerra total, com pouca distinção entre civis e combatentes. As lutas amargas ocorriam nas estradas e nas aldeias e nas ruas da cidade, de casa em casa. Houve massacres contra ambos os lados.

Quando menciono aos palestinos os massacres cometidos pelo seu lado, a resposta usual é: sim, mas o seu lado começou a guerra; estávamos apenas reagindo. Os judeus israelenses diriam exatamente o mesmo. Onde quer que os exércitos árabes tenham sido vitoriosos, nem um único judeu foi deixado no lugar. Judeus cujas famílias haviam vivido por séculos em bairros da Jerusalém Oriental foram expulsos. Em outros lugares, judeus capturados por combatentes árabes foram massacrados, suas comunidades desenraizadas. Essa era a escolha: expulsão ou abate.

Na guerra entre nós, cada lado tinha uma vantagem. O seu lado teve o apoio de cinco exércitos vizinhos. Nosso lado começou a guerra com três tanques e quatro aviões de combate. E estávamos sozinhos. Mas isso, em última análise, foi uma vantagem crucial, porque o desespero nos obrigou a mobilizar toda a nossa sociedade para uma guerra de sobrevivência. Se o seu lado tivesse prevalecido, poucos, ou nenhum, judeus teriam sido deixados aqui. Por conseguinte, os judeus lutaram com tanta determinação que apenas um punhado de nossas comunidades sucumbiu. Não havia para onde correr; tínhamos atingido o limite da história judaica.

No fim, é claro, foi o seu lado que sofreu as consequências mais devastadoras. Cerca de 700 mil palestinos se tornaram refugiados.

Após a guerra, surgiram duas narrativas concorrentes sobre a tragédia dos refugiados. Por muitos anos, nosso lado alegou que não houvera expulsão, apenas fuga voluntária da batalha, e que os líderes árabes tinham encorajado os palestinos a abandonar suas casas, a abrir caminho para os exércitos árabes iminentemente vitoriosos. O seu lado alegou que a expulsão fora a norma, um plano sionista sistemático e premeditado.

Ambas as versões eram falsas. Uma nova geração de historiadores israelenses provou que muitos dos refugiados foram de fato expulsos pelas forças israelenses. Embora alguns líderes árabes encorajassem os palestinos a fugir, a linha entre fuga e expulsão nem sempre era nítida. Muitos fugiram porque temiam a expulsão ou o massacre.

A tragédia dos refugiados não foi o resultado de uma política israelense sistemática, mas muitas vezes de decisões tomadas por comandantes locais. Em um caso, o primeiro-ministro Ben-Gurion ordenou explicitamente a expulsão das cidades de Lod e Ramle, nas cercanias de Tel Aviv; e a expulsão de Lod foi acompanhada por um massacre. Algumas aldeias árabes que não se envolveram na luta foram deixadas em paz. E, na cidade mista judaico-árabe de Haifa, o prefeito judeu ficou na rua e implorou aos árabes que fugiam para que permanecessem. À medida que a luta se intensificava, dezenas de milhares de palestinos da classe média fugiram em busca de segurança, esperando retornar após a derrota dos judeus. Sua partida só desmoralizou ainda mais a sociedade palestina. Muitos membros do seu povo foram expulsos, muitos fugiram – e alguns ficaram, e é por isso que existe hoje mais de 1 milhão e meio de palestinos que são cidadãos de Israel, descendentes das famílias que ficaram. (Cerca de 150 mil permaneceram após a fundação de Israel.)

Ainda assim, no final da guerra, foi sua sociedade que foi despedaçada. Israel destruiu mais de 400 aldeias palestinas esvaziadas, e refugiados judeus, muitos deles oriundos de países árabes, foram reassentados em vários desses locais. Os refugiados palestinos dispersaram-se na Síria, no Líbano, na Jordânia, no território da Margem Ocidental controlado pela Jordânia e na Faixa de Gaza controlada pelo Egito. Enquanto nós israelenses comemorávamos nossa soberania reivindicada e obtínhamos um sucesso após outro, o seu povo trocou casas e olivais pela terra queimada dos campos de refugiados, nos quais você criou filhos sem esperança, os párias indesejados do mundo árabe. Eu lamento as vidas desperdiçadas na amargura do exílio, o seu desespero em contraposição à minha alegria.

Mas não posso me desculpar por sobreviver. O que quase qualquer judeu israelense lhe dirá é que se as lideranças palestina e árabe tivessem aceitado o acordo em vez de declarar guerra até a morte, a tragédia palestina não teria acontecido.

Há outra razão pela qual os judeus israelenses se recusam a serem indiciados como criminosos na história de 1948. Pelo menos metade da população de Israel tem suas raízes nas antigas comunidades judaicas do Oriente Médio. Duas décadas após a criação de Israel, esses centros prósperos da vida judaica foram quase inteiramente apagados. Ou os judeus fugiram do antissemitismo violento – uma forma de expulsão – ou saíram por vontade própria, em parte pelo medo de surtos antijudaicos e em parte pelo anseio a Sião. *Pogroms* antijudaicos ao longo da década de 1940 – em Bagdá,

Bengazi, Alepo e outras cidades árabes – ceifaram centenas de vidas e criaram a atmosfera de terror que levou à fuga em massa. Os judeus foram despojados de suas propriedades, presos e enforcados. "Refugiados invisíveis", assim os judeus *mizrahim* se autodenominavam. Quase 1 milhão de judeus vivia no mundo muçulmano em 1948; atualmente, restam apenas 40 mil.

Uma das minhas canções hebraicas favoritas intitula-se "The Village of Todra", um canto fúnebre para a cultura perdida dos judeus marroquinos. Ela fala de um ritual, agora desaparecido junto com as comunidades judaicas das montanhas do Atlas, em que um menino judeu é levado à sinagoga, na qual letras hebraicas são escritas com mel em uma placa de madeira; o menino é instruído a lamber, para que as palavras da Torá sejam doces em sua boca. Por trás desse relato encantador de um costume folclórico está a raiva – contra a destruição de um mundo.

Os israelenses às vezes comparam Israel/Palestina à Índia/Paquistão. Com a partilha da Índia em 1947, milhões de hindus e muçulmanos fugiram pela fronteira para onde foi possível. Houve massacres assustadores em ambos os lados – muito mais extensos do que os que judeus e árabes vivenciaram.

A comparação com o nosso conflito é inexata: ao contrário da Índia e do Paquistão, nos quais refugiados de ambos os lados encontraram refúgio em suas próprias pátrias, aqui apenas judeus fugidos de países árabes chegaram à sua pátria. Os refugiados judeus foram inicialmente colocados em barracos para imigrantes e depois reassentados em conjuntos habitacionais e comunidades agrícolas. Havia, naqueles anos, muita discriminação contra os *mizrahim*, judeus provenientes de países muçulmanos, e as feridas daquele período permanecem profundas na sociedade israelense. Mas, apesar dos muitos erros cometidos por Israel na absorção dos *mizrahim*, eles eram considerados, inclusive pelo *establishment* israelense paternalista, como *olim*, os que "ascendem" à terra de seus ancestrais.

Embora refugiados palestinos tenham fugido para países vizinhos que compartilhavam sua religião e idioma, eles estavam deixando sua terra natal para o exílio, o inverso dos judeus vindos de países árabes. Os refugiados palestinos eram, na maioria, tratados como estrangeiros. Sua difícil situação exige uma solução. E Israel, juntamente com o mundo árabe, compartilha a responsabilidade de curar essa ferida. Israel terá que pagar indenização aos descendentes de refugiados palestinos, assim como os países árabes terão de pagar uma indenização aos descendentes dos refugiados judeus.

O meio milhão de judeus que fundou e defendeu Israel em 1948 pode muito bem ter sido a mais extraordinária comunidade judaica na história. Eram construtores, revolucionários, místicos; escritores e poetas renovando uma língua morta, utopistas sonhando em redimir o mundo. Eles brigavam amargamente sobre como conquistar independência e sobre a natureza do futuro Estado judeu. Viviam com a aguda consciência de seu tempo histórico, de carregar nas costas um povo alquebrado.

Quando eu era criança, meus amigos e eu perguntávamos um ao outro: se você pudesse ter nascido em qualquer momento do passado, em qual período da história judaica você gostaria de viver? Minha resposta era: no tempo pouco antes da criação de Israel, entre os sionistas que estavam preparando o caminho para o nosso renascimento nacional.

Os desafios que aqueles jovens homens e mulheres enfrentaram foram tão assustadores quanto qualquer um já enfrentado pelos fundadores de uma nação. Eles tinham não apenas que libertar sua sociedade do domínio estrangeiro (britânico), mas criar essa sociedade desde os seus alicerces. Tinham que ressuscitar uma língua, modernizar uma cultura sem destruir sua essência e recriar um povo a partir das mais díspares comunidades.

Enquanto isso, o povo judeu em meados do século XX enfrentava a ruína. Na Europa, os judeus estavam sendo enviados aos campos de extermínio. No Oriente Médio, estavam sob crescente ameaça de violência popular. Na União Soviética, estavam sendo assimilados à força por decreto do governo.

Esse era a situação do povo judeu que os sionistas enfrentaram no início da década de 1940. Por meio de uma combinação de fé e realismo, eles salvaram seu povo e renovaram sua história.

Entretanto, não obstante todo amor e admiração que sinto pela geração dos fundadores de Israel, vivo em uma época diferente, que apresenta suas próprias oportunidades de transcendência. Ao contrário da geração de Ben-Gurion, cujas tarefas de construção do Estado exigiam um retorno para o interior de si mesmo, uma implacável autoabsorção, o desafio que a minha geração de israelenses deve enfrentar é o de se voltar para o exterior – para você, vizinho, porque meu futuro é inseparável do seu.

Pode ser que não haja nenhuma maneira de superar nossas narrativas opostas relacionadas à fundação de Israel. Mesmo enquanto buscamos uma solução de dois Estados, provavelmente permaneceremos com o problema de duas narrativas. Mas essa divisão histórica não deve impedir um acordo político. Eu honro a história – até o ponto em que ela não mais inspira, mas aprisiona. Conciliar ambas as nossas narrativas, aprender a viver com duas histórias contraditórias, é a única maneira de negar ao passado um veto sobre o futuro.

É tarde da noite enquanto escrevo para você. Em sua colina apenas umas poucas casas estão iluminadas. Um carro abandonado interrompe o silêncio da estrada entre as nossas colinas. Estender a mão na sua direção, imaginar um interlocutor do outro lado, faz com que eu me sinta um pouco menos sozinho nesse silêncio.

Ouço o chamado antes do amanhecer do muezim, ou melhor, múltiplos chamados de minaretes nas colinas circundantes, não em perfeita sincronia, ecoando um ao outro. *Allahu akbar*, Deus é grande. Sou tranquilizado pelas vozes calmamente insistentes, um despertar suave, uma preparação para a agitação iminente do dia. "A oração é preferível ao sono", eles determinam. Lembre-se: estamos aqui apenas temporariamente; não seja um sonâmbulo em sua própria vida – não desperdice seu tempo, preso na ilusão da permanência. E então, abruptamente, silêncio.

Vivemos em tal intimidade que quase podemos ouvir a respiração um do outro. Que escolha temos a não ser compartilhar esta terra? E com isso quero dizer compartilhar conceitualmente e também de forma tangível. Devemos aprender a acomodar cada um a narrativa do outro. É por isso que persisto em escrever a você, porque estou tentando superar o pequeno espaço e o vasto abismo que separa a sua colina da minha.

CARTA 5

Seis dias e cinquenta anos

Caro vizinho,

Hoje é o Dia de Jerusalém, que comemora a reunificação da cidade em 7 de junho de 1967, durante a Guerra dos Seis Dias. Um vento quente sobe do deserto. Mais tarde, os veteranos da batalha por Jerusalém – das alas de esquerda e de direita, seculares e religiosos – irão se reunir em cerimônias silenciosas em torno de memoriais de pedra nas ruas de Jerusalém Oriental em que ocorreram os combates, e recordar amigos tombados e recitar salmos. Em outros lugares em Jerusalém Oriental, jovens judeus de direita cantarão e dançarão nos bairros palestinos, proclamando a unidade da cidade sob controle israelense. Vários grupos pró-coexistência recorreram ao Supremo Tribunal para redirecionar essa manifestação, mas o Tribunal decidiu a favor da liberdade de expressão. Lamento a decisão. Às vezes, mesmo princípios sagrados precisam ser moderados, para adaptar necessidades e sensibilidades alheias. Esse desafio, afinal, ajuda a definir nosso conflito.

Meu encontro com Israel começou nas semanas que antecederam a Guerra dos Seis Dias. Era meado de maio de 1967, e Israel estava sendo ameaçado de destruição. Líderes árabes prometiam empurrar os judeus para o mar. Assisti pela TV multidões de manifestantes no Cairo e em Damasco cantando "Morte aos judeus" e agitando bandeiras nas quais estavam impressos ossos cruzados e caveiras. Aquele foi meu primeiro choque: a ameaça genocida contra o povo judeu não havia terminado com o Holocausto.

O presidente egípcio Gamal Abdel Nasser bloqueou o estreito de Tiran, rota marítima do sul de Israel para o leste, e expulsou as tropas de paz da ONU na fronteira com Israel. Esse foi meu segundo choque. O propósito das forças de manutenção da paz no local não era precisamente impedir um momento como esse? E ainda assim a ONU acatou a exigência de Nasser de remover as forças de paz, sem sequer realizar um debate no Conselho de Segurança.

Os exércitos sírio e jordaniano se uniram aos egípcios, cercando Israel. Centenas de milhares de reservistas israelenses foram convocados, incapacitando a economia de um país de apenas 3 milhões de cidadãos na época. Alunos do ensino médio foram enviados para cavar valas comuns em parques, preparando-se para milhares de baixas civis. Oprimido pela ameaça, Yitzhak Rabin, chefe do Estado-Maior das Forças de Defesa de Israel (IDF), sofreu um colapso nervoso temporário. Judeus em todo o mundo temeram a destruição iminente de Israel.

Naqueles dias, descobri algo essencial sobre mim mesmo: eu não poderia viver em um mundo sem Israel. Essa percepção pode soar estranha para você, vizinho. Afinal, eu era apenas um jovem de 13 anos que vivia no Brooklyn. Por que esse apego primordial, tão intenso que me dispunha, naquele momento, a dar minha vida por um país que nunca tinha visitado?

Foi, acredito, a percepção intuitiva de que o povo judeu não sobreviveria à destruição de Israel. Não que os judeus desapareceriam de repente: as comunidades judaicas em todo o mundo continuariam a existir. Mas a força vital, a autoconfiança, a capacidade de sonhar na história, a crença em uma história judaica – tudo se dissiparia. O anseio que nos sustentara na adversidade seria exposto como ridículo: havíamos esperado 2 mil anos por um acontecimento que se transformara em mais um pesadelo judaico. Tínhamos nos reunido em Sião, vindos do mundo todo, não para redenção, mas para a destruição final.

É verdade que os judeus haviam sobrevivido à perda anterior de nossa soberania nacional. Mas, quando o reino da Judeia foi destruído em 70 e.c., ainda éramos um povo de fé ativa. Moldamos dos pedaços quebrados um novo padrão de vida judaica porque soubemos interpretar nossa sina através de uma lente religiosa. Paradoxalmente, a crença de que os judeus tinham sido punidos por Deus deu aos nossos ancestrais a coragem de persistir. O mesmo Deus que puniu também redimiria um dia. A pena teria sido cumprida e o exílio terminaria. Hoje, porém, vivemos no rescaldo da destruição da fé judaica, provocada em parte pelo secularismo ocidental e pelo Holocausto. Qualquer que fosse a fé que conseguisse sobreviver, nossas experiências no mundo moderno seriam testadas ao ponto de ruptura pela destruição de Israel. Suspeito que poucos judeus aceitariam outra narrativa da punição divina. Mesmo para muitos judeus religiosos, essa seria uma punição além da conta.

Na manhã de 5 de junho de 1967, acordei e vi meu pai parado ao lado do rádio da cozinha. A guerra havia começado. Não sabíamos então, mas a força aérea israelense atacara preventivamente, destruindo quase toda a força aérea egípcia enquanto seus aviões estavam ainda no chão.

Israel enviou uma mensagem ao rei Hussein da Jordânia: fique fora da luta e nós também o faremos. Mas as unidades do exército jordaniano baseadas em Jerusalém Oriental começaram a bombardear bairros judeus em Jerusalém Ocidental. Uma brigada de paraquedistas israelenses foi enviada à cidade e, com apenas algumas horas para se organizar, atravessou a terra de ninguém,* repleta de campos minados e arame farpado e atacou as posições jordanianas. O objetivo era parar o tiroteio em Jerusalém Ocidental e proteger o enclave israelense do Monte Scopus em Jerusalém Oriental. Não havia planos de contingência para que a IDF tomasse a Cidade Velha. Mesmo quando os paraquedistas israelenses cercavam as muralhas da Cidade Velha, o governo israelense hesitou em dar a ordem para invadir – embora a área contivesse os locais judaicos mais sagrados, aos quais nos

---

* N. T.: Em 1949, foram assinados em Rodes, com a mediação da ONU, acordos de armistício entre Israel, por um lado, e Egito, Síria, Líbano e Jordânia por outro lado. Esses acordos estabeleceram linhas de separação entre Israel e seus vizinhos árabes. Havia entre tais linhas faixas territoriais desocupadas, definidas como "terra de ninguém". No caso específico de Jerusalém, essa faixa territorial não estava sob a soberania de Israel nem tampouco da Jordânia até a Guerra dos Seis Dias.

fora negado o acesso desde que os jordanianos os apreenderam em 1948.

A decisão, tomada após longo debate no gabinete governamental israelense, veio na manhã de 7 de junho – mas não antes que o governo enviasse um último apelo ao rei Hussein, com a oferta de que os paraquedistas recuassem em troca de conversações de paz. Hussein ignorou a proposta. Os paraquedistas então invadiram a Porta dos Leões da Cidade Velha, viraram à esquerda na área que chamamos de Monte do Templo e vocês chamam Haram el Sharif, o Nobre Santuário, e chegaram ao Muro das Lamentações.

Não sei se havia um judeu vivo – por mais distante que estivesse da fé – que tivesse ficado indiferente à visão dos paraquedistas judeus exaustos encostando a cabeça nas fendas do Muro que tinha sido o repositório das orações do exílio. A imagem icônica daquele momento é uma fotografia de vários paraquedistas, braços ao redor dos ombros de seus companheiros, parados diante do Muro e olhando para cima. Apesar de terem acabado de obter a maior vitória militar da história judaica, seus jovens rostos não revelavam triunfo, mas admiração, como peregrinos no fim de uma jornada. Naquele momento, eles não estavam representando o poder de um Estado soberano, mas as esperanças de um povo antigo.

Algumas semanas depois da guerra, meu pai e eu viajamos a Israel pela primeira vez. Nós simplesmente não conseguimos nos manter à distância. E ali eu me apaixonei. Pela paisagem, é claro, a diversidade de deserto e montanha e costa, o planeta Terra aparentemente condensado em uma única faixa. Mas acima de tudo me encantei com a diversidade dos judeus. Pelo fato de morar em uma vizinhança no Brooklyn composta por um grupo étnico judaico abrangido basicamente pelo Império Austro-Húngaro, fiquei emocionado ao encontrar judeus do

Marrocos, do Iraque e da Índia e de dezenas de outros países, ampliando meu senso de possibilidades judaicas. O exílio havia nos despedaçado em inúmeros fragmentos, e agora o impossível estava acontecendo: por mais desajeitada, até mesmo traumática, que fosse sua forma, os fragmentos estavam se reagrupando. Eu me apaixonei pelos israelenses – sua coragem, seu duro decoro. Eles estavam prontos para fazer o melhor de quaisquer circunstâncias que a história lhes apresentasse. Como meu primo adolescente, também chamado Yossi, que vivia às margens do mar da Galileia, e que tinha crescido nadando sob as armas de soldados sírios nas Colinas do Golã, e que aceitava como um fato da vida que ele em breve se tornaria um soldado.

Eu não estava cego para as falhas do caráter israelense: a grosseria, o provincianismo, o materialismo fútil de uma nação pobre. Mas esses eram meros detalhes; meu amor era incondicional. Naquele verão resolvi que, independentemente do que acontecesse na minha vida ou na vida de Israel, eu voltaria um dia como imigrante.

Mas, naquele verão, em meio à celebração da vitória, da própria vida – lá estava você, o enlutado no casamento. Tiras de pano branco penduradas em rendição nas casas palestinas. Velhos conduzindo burros moviam-se lentamente, como se carregassem grandes fardos. Crianças com cabeças raspadas por causa dos piolhos vendiam às pressas camelos esculpidos em madeira, garrafas de refrigerante cheias de areia colorida, cartões-postais com a imagem do ministro de Defesa de Israel, Moshe Dayan – recordações de sua derrota. Talvez você, vizinho, fosse uma dessas crianças. Tentei esquecer seus rostos, reprimir a piedade, lembrar que mal havíamos escapado da aniquilação. Imagine, os israelenses disseram uns aos outros, o que teriam feito conosco se *eles* tivessem vencido. Em um campo de refugiados palestinos em El Arish, vi desenhos de crianças vislumbrando aquela vitória: soldados árabes atirando em judeus ultraortodoxos, uma pilha de crânios com estrelas judaicas. Ainda assim, nem mesmo essas imagens podem apagar os rostos jovens taciturnos e confusos que eu tinha visto nas ruas de Jerusalém Oriental. Quando fecho os olhos, posso vê-los mesmo agora.

O mapa de Israel mudou novamente. As fronteiras de Israel se expandiram em três etapas: primeiro, pela compra de terrenos na época do pré-Estado, depois na Guerra de 1948 – e, finalmente, na Guerra dos Seis Dias. A maior parte da comunidade internacional aceitou as duas primeiras etapas como legítimas – e as negociações entre líderes israelenses e palestinos têm se baseado nas fronteiras de Israel em 1949. No que diz respeito à comunidade internacional, é a terceira etapa da aquisição territorial que está sendo contestada.

Kfar Etzion, bem ao sul de Jerusalém, na estrada para Hebron, o primeiro assentamento na Margem Ocidental, foi criado em setembro de 1967, apenas três meses depois da guerra. Não houve debate parlamentar, não houve decisão do gabinete governamental, nenhum grande plano expansionista: simplesmente uma dúzia de jovens se mudando para o topo de uma colina, com o consentimento ambíguo do então primeiro-ministro Levi Eshkol. A razão para a falta de controvérsia era que o Kfar Etzion original havia sido destruído na Guerra de 1948 e aqueles jovens, que nasceram ali e foram evacuados quando crianças, estavam literalmente voltando para casa. Kfar Etzion foi uma das feridas abertas da psique israelense: seus defensores haviam se rendido às milícias palestinas e foram massacrados um dia antes da declaração de independência de Israel. E, assim, o primeiro assentamento na Margem Ocidental restaurou uma comunidade judaica que existia nos tempos modernos. Não se tratava, pelo menos no início, de reivindicar uma herança bíblica, mas, para o público israelense, de desfazer um erro na memória viva.

Seis meses depois, um grupo de colonos mudou-se para Hebron – a segunda cidade mais sagrada para o judaísmo, depois de Jerusalém. Dessa vez houve um debate intenso entre os israelenses – sobre a sabedoria de inserir judeus em um grande centro populacional palestino. Hebron, local em que foram enterrados Abraão e Sara, é, obviamente, a base para a reivindicação bíblica judaica a terra. Contudo, Hebron também era uma espécie de restauração moderna: depois do massacre de 1929, sua antiga comunidade judaica desapareceu.

Os dois primeiros assentamentos, portanto, foram reconstruções de comunidades judaicas destruídas no século XX. Isso ajuda a explicar por que muitos israelenses não conseguiram perceber que esses assentamentos iniciais eram o início de um movimento de massa. Os colonos, é claro, compreendiam muito bem as implicações de seus atos a longo prazo. Talvez você também.

Imediatamente após a Guerra dos Seis dias, a Liga Árabe, representando todo o mundo árabe, reafirmou sua enfática rejeição da existência de Israel, o que também ajudou a legitimar os assentamentos aos olhos de muitos israelenses. Um dos líderes do movimento de assentamentos, o falecido professor de filosofia judaica Yosef Ben-Shlomo, começou seu envolvimento político ao assinar uma carta pública de oposição ao restabelecimento da comunidade judaica de Hebron. Entretanto, ele explicou mais tarde, quando se deu conta de que o mundo árabe não estava preparado para aceitar a legitimidade de Israel com quaisquer fronteiras, ele passou a acreditar que um acordo de terra-por-paz era ingênuo.

O terrorismo palestino reforçou a mensagem aos israelenses de que não havia chance de se obter qualquer solução conciliatória entre as partes. Os homens de Yasser Arafat explodiram um ônibus escolar e mantiveram estudantes do ensino médio como reféns; mataram cruelmente peregrinos no aeroporto internacional de Israel; massacraram famílias em suas casas; esmagaram a cabeça de uma criança com uma pedra; assassinaram membros da equipe olímpica israelense, que tiveram mãos e pés atados. Os israelenses vivenciaram esses ataques como pequenas pré-encenações do objetivo genocida do movimento nacional palestino, prova de que uma solução conciliatória era impossível.

Ainda assim, no início dos anos de 1970, o Partido Trabalhista, na época o partido incontestável do governo de Israel, manteve a construção de assentamentos na Margem Ocidental ao mínimo. O Partido Trabalhista estava comprometido a chegar a um acordo para a devolução de território à Jordânia, que alegava falar em nome da causa palestina. Quando grupos de assentamentos ocuparam os territórios, o governo trabalhista enviou o exército para desmantelar seus acampamentos.

A habilidade do Partido Trabalhista de controlar o movimento de assentamentos começou a ser comprometida em uma data precisa – 10 de novembro de 1975. Foi quando a ONU, numa votação de 72 a 35 com 32 abstenções, declarou que o sionismo era uma forma de racismo – o único movimento nacional já acusado de tal opróbrio. O bloco formado pelos Estados muçulmanos e o mundo comunista assegurava que qualquer resolução anti-Israel fosse aprovada.

CARTAS AO MEU VIZINHO PALESTINO

Em resposta, milhares de jovens israelenses se reuniram em uma estação ferroviária otomana abandonada em Samaria, no norte da Margem Ocidental, armaram tendas em meio ao lamaçal do inverno e colocaram uma placa: AVENIDA DO SIONISMO. Um recém-eleito jovem membro do Knesset chamado Ehud Olmert disse a um jornalista: "Essa é a verdadeira resposta sionista à ONU." (Em 2008, como primeiro-ministro de Israel, Olmert ofereceria aos seus líderes um Estado em quase toda a Margem Ocidental e Gaza.) O governo trabalhista, que sempre reagira a protestos semelhantes, ordenando que o exército removesse os intrusos, agora hesitou. A opinião pública mudou a favor dos colonos – graças à votação da ONU. Em vez de expulsar os invasores, o governo ofereceu uma opção, e um grupo de colonos se mudou para uma base do exército.

É claro que havia outros fatores mais importantes – além da resolução da ONU – que acabaram por levar ao empoderamento do movimento de assentamentos, especialmente a vitória eleitoral em 1977 do Likud, partido da direita. Porém, a resposta do público israelense à resolução da ONU revela algo essencial sobre o caráter israelense: quando nos sentimos injustamente estigmatizados, endurecemos nossa posição. O maior beneficiário das tentativas de isolar e deslegitimar Israel é a linha-dura da direita.

O oposto, entretanto, não é menos verdadeiro: quando a legitimidade de Israel é respeitada, os israelenses tendem a correr riscos para obter a paz. Foi o que aconteceu em 1977, quando o presidente Anwar Sadat, do Egito, veio a Jerusalém e declarou sua aceitação de Israel. Em resposta, o público israelense apoiou uma retirada total do deserto do Sinai, que Israel ocupara na Guerra dos Seis Dias, inclusive a erradicação de todos os seus assentamentos. Então, no início dos anos de 1990, com a queda da União Soviética e do bloco comunista, a ONU votou pela revogação da resolução "sionismo igual a racismo" e dezenas de países estabeleceram relações diplomáticas com Israel. A mudança no *status* de Israel foi um dos motivos pelos quais o governo israelense sentiu-se confiante para começar o processo de paz de Oslo e por que uma maioria de israelenses expressou o seu apoio, pelo menos inicialmente.

Para muitos israelenses, como resultado da Guerra dos Seis Dias, os argumentos a favor do assentamento nos territórios pareciam esmagadores. Afinal, havíamos retornado ao coração histórico da nossa pátria por meio de uma guerra de autodefesa contra a tentativa de destruição. Uma retirada da Margem Ocidental reduziria o Estado judeu a fronteiras vulneráveis, o que reiteradamente servira de atração aos Estados árabes para que nos atacassem. A rejeição árabe da legitimidade de Israel aumentou a probabilidade de que, mais cedo ou mais tarde, nossos vizinhos tentariam de novo, independentemente de qualquer pedaço de papel que seus líderes assinassem. E que outro povo, em nosso lugar, teria resistido a reivindicar a terra que considerava sua por milhares de anos?

No entanto, o contra-argumento não era menos convincente. Ouviam-se vozes alertando contra o assentamento "nos territórios", como muitos israelenses ambivalentes os denominavam, mesmo no inebriante verão de 1967. O jovem Amós Oz, que mais tarde se tornou um dos principais romancistas de Israel, escreveu um ensaio convincente naquele verão, alertando que não existe algo como uma ocupação benigna ou "territórios libertados". Somente as pessoas, escreveu Oz, podem ser libertadas, não a terra.

O sucesso do movimento de assentamentos é resultado da convergência dos temores de segurança de Israel com o chamado da história. Eu também senti essa atração depois de me mudar para Israel no início dos anos de 1980, quando muitos dos assentamentos foram estabelecidos. Racionalmente, eu entendia que Amós Oz estava certo, que isso provavelmente se transformaria em um desastre não só para o seu lado, mas também para o meu. Contudo, na qualidade de repórter que cobria os assentamentos, eu involuntariamente me emocionava com a visão de novas casas brancas erguendo-se contra as colinas brancas, com a coragem de jovens israelenses que desafiavam o mundo a apostar em nossa reivindicação – o próprio espírito, assim eu o sentia, que nos ajudara a sobreviver como um povo. Um amigo me convidou para a cerimônia de fundação de seu assentamento, no local da bíblica Técoa, perto de Belém, à beira de um vale deserto. Uma faixa proclamava as palavras do profeta Amós, "o homem de Técoa", como a Bíblia o chama: "Trarei do cativeiro meu povo Israel; eles reconstruirão as cidades assoladas e as habitarão [...]. E eu os plantarei em sua terra e não serão mais arrancados de sua terra, que eu lhes dei, diz o Senhor, teu Deus". Naquele momento, a realização dessas palavras registradas cerca de 2.500 anos atrás e que se desenrolava diante de mim mitigou os meus receios.

Em nenhum lugar nesta terra eu me senti mais como um filho que retorna ao lar do que quando fui em peregrinação a Hebron. Adoro Tel Aviv, sua vitalidade informal, sua capacidade de se redefinir continuamente, mas, pelos padrões da história judaica e do Oriente Médio, Tel Aviv é uma cidade bebê, com apenas um século de idade. Em Hebron, porém, me senti abraçado por todos os que vieram antes de mim, todos os que oraram, com os múltiplos sotaques do exílio, ao Deus de Abraão e Sara.

SEIS DIAS E CINQUENTA ANOS   95

Escrevo sobre "voltar" a Hebron, mas na verdade nunca saímos de lá voluntariamente. A marca judaica em Hebron não era apenas bíblica – ela permaneceu por todos os séculos do exílio. A evidência deixada para trás está no cemitério judaico medieval, na sinagoga Avraham Avinu (nosso pai Abraão) do século XVI, destruída após o *pogrom* de 1929 e transformada em um curral de animais, e nas reentrâncias das quais as *mezuzot** foram arrancadas dos batentes das portas.

Como poderiam os judeus não viver em Hebron? Emocionalmente, eu concordava com os colonos: se nós não pertencemos a este lugar, não pertencemos a lugar nenhum.

Ironicamente, foi em Hebron que meu encanto com o movimento dos assentamentos terminou. Em uma noite de outono em 1984, fui fazer uma reportagem sobre uma festa judaica nas ruas de Hebron. Era a noite depois de Simchat Torá, a festa judaica em que os judeus dançam com os rolos da Torá para marcar a conclusão do ciclo anual de leituras bíblicas na sinagoga. Alguns judeus prolongam a comemoração dançando por mais uma noite, o que os colonos estavam fazendo então. É um lindo costume, que mescla reverência e alegria. Mas não foi lindo naquela noite em Hebron. Para realizar a celebração, o exército havia fechado as ruas e colocado os residentes palestinos sob toque de recolher. Vi judeus erguendo os rolos da Torá, que contêm a ordem expressa de que nos lembremos que éramos estrangeiros no Egito e por isso devemos tratar o estrangeiro com justiça, dançando nas ruas esvaziadas de seus vizinhos palestinos. A insistência na empatia pelo estrangeiro aparece com maior frequência na Torá do que

---

* N. T.: Em hebraico, singular *mezuzá*. Estojo fixado na parte superior do batente da porta das casas de famílias judias. Contém no seu interior um rolo de pergaminho manuscrito no qual estão inscritos versículos bíblicos que proclamam a unicidade de Deus.

qualquer outro mandamento – incluindo o de observar o sábado e manter a *cashrut*.[*]

Aquele toque de recolher tornou-se para mim uma metáfora da falha fatal do movimento de assentamentos: o pecado de não ver, de ficar tão extasiado com a própria história, a justiça e poesia da própria épica nacional a ponto de não ser capaz de reconhecer as consequências para outro povo de realizar todos os sonhos de seu próprio povo.

Acredito profundamente em nossa reivindicação histórica e religiosa em relação a Hebron – a toda a terra de Israel entre o rio Jordão e mar Mediterrâneo. Para mim, aquela terra não é "território ocupado", mas Judeia e Samaria, como os judeus a têm chamado desde os tempos bíblicos. Os judeus na Judeia não são estrangeiros. Mas, como muitos israelenses, estou disposto a dividir a terra – se for convencido de que o compromisso será a paz, e não um terror maior. Para aqueles dentre nós que apoiam uma solução de dois Estados, garantindo a segurança de Israel – e não implementando reivindicações históricas – é a medida mais importante para decidir o destino final dos territórios. Para mim só existe uma razão legítima para adiar a partilha da terra que compartilhamos: que isso coloque Israel em perigo mortal.

Em 1989, no auge da Primeira Intifada, fui convocado pelo IDF. Minha unidade acabou sendo enviada para os campos de refugiados em Gaza, e foi ali que aprendi o significado de ocupação. De dia entrávamos nos acampamentos – barracos de telhados ondulados presos com blocos, esgoto escorrendo por valas – para demonstrar nossa presença,

---

[*] N. T.: Termo que se refere às leis dietéticas do judaísmo.

como dizia o exército. À noite, vasculhávamos as casas buscando suspeitos de terrorismo – ou aqueles que não haviam pagado, digamos, suas contas de água. Não éramos tanto soldados quanto policiais, impondo uma ocupação que me parecia cada vez mais insustentável.

Uma noite, bem tarde, batemos a uma porta ao lado de uma parede coberta com grafite anti-Israel. Um homem de meia-idade, um tanto atordoado, atendeu. Cubra o grafite com tinta, ordenamos. Direcionamos a luz dos faróis do nosso jipe na parede e silenciosamente observamos ele e seus filhos cobrirem com tinta as palavras ofensivas.

Uma granada foi lançada em soldados perto de um mercado ao ar livre. Embora não tenha explodido, a ordem foi dada: fechem as barracas. Pedimos educadamente aos vendedores que fechassem. A maioria de nós era de soldados mais velhos, e estávamos envergonhados diante desses homens, pais como nós, que só queriam alimentar suas famílias. Sentindo nossa relutância, os vendedores nos ignoraram. Um oficial apareceu. Sem dizer uma só palavra, aproximou-se de uma banca de limões e despejou o conteúdo no chão. O mercado ficou vazio.

Um adolescente palestino rechonchudo, acusado de atirar pedras, foi trazido de olhos vendados à tenda do nosso acampamento. Um grupo de soldados da unidade da Polícia da Fronteira o rodeou. Um deles lhe disse em árabe: "Repita depois de mim: Uma porção de *homus*, uma porção de fava, eu amo a Polícia da Fronteira." O jovem obedientemente repetiu a cantilena árabe rimada. Todos riram.

Essa última história me assombra acima de tudo. Ela é, aparentemente, insignificante. O prisioneiro não foi fisicamente abusado; seus captores, jovens soldados sob enorme tensão, compartilharam uma piada. Mas esse incidente personifica para mim a corrupção da ocupação. Quando meu filho estava prestes a ser convocado para o exército, eu disse a ele: "Há momentos em que, como soldado, você poderá ter que matar. Mas você nunca tem permissão, sob nenhuma circunstância, de humilhar outro ser humano." Esse é um princípio fundamental judaico.

Junto com muitos israelenses da minha geração, saí da Primeira Intifada convencido de que Israel deve acabar com a ocupação – não apenas por causa de você, mas também por nós. Libertar-nos da ocupação, que zombou de tudo o que considerávamos precioso sobre nós mesmos como um povo. Justiça, misericórdia, empatia: esses têm sido os fundamentos da vida judaica por milênios. "A justiça, somente a justiça seguirás", a Torá nos ordena, enfatizando a palavra "justiça". "Filhos misericordiosos de pais misericordiosos", assim tradicionalmente chamávamos nossos companheiros judeus.

A ocupação penetra na alma. Quando cheguei pela primeira vez a Gaza, a gíria do exército me ofendia. Soldados se referiam a um acampamento como "Amsterdã", por causa do esgoto a céu aberto; chamavam o lote de areia que atravessava a praça central de outro acampamento de "Dizengoff", uma praça em Tel Aviv. Depois de algumas semanas, também adotei a gíria para zombar da miséria de Gaza.

Talvez, vizinho, você esteja se perguntando: por que esse israelense está *me* contando sobre o significado da ocupação? Compartilho com você minha experiência como ocupante porque acredito que se nossas duas sociedades algum dia venham a coexistir como vizinhos iguais, precisamos começar a falar sobre esta provação prolongada que nos uniu em um entrelaçamento patológico.

Aprendi outra coisa em Gaza: o sonho da Palestina não era apenas se livrar da ocupação israelense, mas ficar inteiramente livre da existência de Israel. O grafite prometia morte aos judeus. A imagem mais persistente nas paredes de Gaza era de facas e espadas fincadas em um mapa de Israel, pingando sangue.

Um dos meus amigos íntimos na unidade era Shimon, da Etiópia. Já lhe contei sobre Shimon, que coxeava porque um soldado sudanês havia esmagado seu pé descalço. Shimon não sentia nada da minha ambivalência em Gaza: ele estava lá para defender sua família e seu país do sonho de Gaza, o desaparecimento de Israel. Eles querem nos destruir, ele me disse, querem nos devolver ao campo de refugiados no Sudão. Shimon não permitiria que Gaza desfizesse a realização do sonho de seu povo.

Eu oscilava entre temores morais e existenciais. Ambos me pareciam respostas judaicas razoáveis – essenciais – a Gaza, ao nosso dilema palestino. A história judaica, eu acreditava, falava com minha geração por meio de dois mandamentos inegociáveis. O primeiro era o de nos lembrar que tínhamos sido estrangeiros na terra do Egito e a mensagem era: seja compassivo. O segundo mandamento era para nos lembrar de que vivemos em um mundo no qual o genocídio é possível, e essa mensagem era: esteja alerta. Quando seu inimigo diz que pretende destruir você, acredite nele.

O que torna meu dilema tão excruciante é que esses dois mandamentos não negociáveis da história judaica convergem em nosso conflito: o estrangeiro cujo território estamos ocupando é o inimigo que pretende nos desapropriar. E então como me relaciono com você, vizinho: como vítima ou como pretenso vitimizador?

Em 1992, Yitzhak Rabin, chefe do Partido Trabalhista, foi eleito primeiro-ministro. Em sua campanha, Rabin fez uso do *slogan* "Tire Tel Aviv de Gaza e Gaza de Tel Aviv". Em outras palavras, uma retirada israelense de Gaza. Rabin me comoveu profundamente. O comandante do IDF na Guerra dos Seis dias estava retornando como um estadista mais velho para nos livrar dos dilemas que nos havia legado quando jovem.

Na noite em que Rabin foi eleito, chorei de alívio. Finalmente: aqui estava nossa chance de acabar com a ocupação. Um ano mais tarde, quando Rabin apertou a mão de Arafat na Casa Branca e deu início ao processo de paz de Oslo, agonizei: isso é um avanço para a paz ou acabamos de cometer um dos maiores erros da nossa história? Arafat havia dedicado sua vida à destruição de Israel, a minar nossa legitimidade. Ninguém nessa geração tinha mais sangue judeu nas mãos. Mas se Rabin estava disposto a apostar em Arafat, o pacificador, então eu também estava.

No entanto, Arafat e os líderes do que se tornou a Autoridade Palestina gradualmente convenceram os israelenses de que sua diplomacia era de fato uma guerra por outros meios. Arafat criou sua própria linguagem diplomática: para a CNN, ele falava sobre a paz dos bravos, enquanto exortava seu povo à guerra santa. Entrementes, o Hamas intensificava os ataques terroristas contra civis israelenses. A inteligência israelense advertiu Rabin que Arafat estava secretamente encorajando o Hamas e havia criado uma divisão de trabalho: o Hamas continuaria a violência enquanto Arafat ganharia território por meio de negociações.

Para muitos israelenses, o ponto decisivo foi o discurso de Arafat em uma mesquita de Joanesburgo em 1994. Embora o discurso estivesse inacessível à mídia, um jornalista contrabandeou um gravador. Arafat tranquilizou seus críticos no mundo árabe, de que ele realmente não tinha intenção de fazer a paz, que a única razão pela qual ele entrara em conversações de paz era que os palestinos estavam muito fracos no momento para ameaçar seriamente Israel e que o processo de Oslo nada mais era do que um cessar-fogo, que poderia ser rompido no momento apropriado. A transcrição desse discurso foi manchete em Israel. Os defensores de Arafat tentaram tranquilizar os israelenses: ele está apenas querendo obter a aprovação da multidão. Mas o impacto cumulativo da retórica de Arafat reforçou os mais profundos temores israelenses de serem enganados, de baixar a guarda.

Como a maioria dos israelenses, passei a acreditar que estávamos fazendo papel de tolos. Uma solução de dois Estados nunca havia sido a intenção de Arafat – exceto como prelúdio de uma solução de um Estado único, o fim do sonho de soberania do povo judeu. Para Israel não haveria paz, apenas retiradas territoriais acompanhadas de terrorismo. A direita israelense estava justificada: mais concessões israelenses levariam a mais terror.

Ao apoiar o processo de Oslo, eu tinha violado uma das vozes dominantes da história judaica, a advertência contra a ingenuidade. Eu confundira guerra e paz, uma grande Palestina e dois Estados menores.

Em vez de ver nosso conflito como uma tragédia encenada entre dois movimentos nacionais legítimos – como muitos israelenses passaram a considerá-lo –, a narrativa oficial incontestável do lado palestino define o conflito como colonizadores *versus* nativos. E a sina do colonizador, como a história moderna provou e a justiça exige, é, em última análise, ser expulso das terras que roubou. Tel Aviv não menos que Gaza.

O romancista israelense A. B. Yehoshua chamou nosso conflito de uma luta entre "certo e certo". Onde está o A. B. Yehoshua palestino para ecoar esse trágico discernimento? Na mídia israelense, milhares de artigos surgiram ao longo dos anos exigindo que os israelenses encarem a realidade de uma narrativa concorrente. Entendo que é muito mais fácil para o vencedor mostrar nuances do que para o vencido. Ainda assim, durante todos os anos em que tenho acompanhado a mídia palestina, não me recordo de um único artigo ou editorial em qualquer publicação, independentemente de sua filiação política, que defenda uma reavaliação da narrativa judaica. Nem um único artigo dentre os ataques diários da mídia negando, ridicularizando e denunciando o meu ser.

E assim a maioria dos israelenses, inclusive muitos da esquerda, concluiu que, independentemente das concessões que Israel ofereça, o conflito persistirá. Os israelenses estão convencidos de que o objetivo do movimento nacional palestino não é só desfazer as consequências de 1967 – ocupação e assentamentos –, mas as consequências de 1948 – a existência de Israel. Para aqueles de nós que acreditam em uma solução de dois Estados essa é uma constatação devastadora.

Nosso conflito é definido por assimetrias. Israel é a nação mais poderosa do Oriente Médio e os palestinos, os menos poderosos. Contudo, estamos sozinhos na região, enquanto você faz parte de uma vasta hinterlândia árabe e muçulmana. Essas são as assimetrias óbvias. Menos óbvias são as diferenças políticas em cada um dos lados. Entre os israelenses, os partidários de uma solução de dois Estados consideram a partilha o fim do conflito. Mas com base em anos de conversa com os palestinos, aprendi que mesmo os adeptos de dois Estados muitas vezes veem isso como uma solução temporária resultante da impotência palestina, a ser substituída por um único Estado – com os judeus como uma minoria, se é que continuariam a existir – tão logo os refugiados palestinos retornem e Israel comece a ir por água abaixo. E onde os israelenses moderados tendem a ver a soberania palestina como um ato necessário de justiça, muitos palestinos moderados veem a soberania israelense como uma injustiça inevitável.

Não consigo pensar em nenhum movimento nacional que tenha rejeitado mais ofertas de estabelecimento de um Estado – remontando aos anos de 1930 – do que o movimento nacional palestino. E, dada sua percepção do sionismo e de Israel, isso é compreensível. Se os palestinos acreditam que Israel é a personificação do mal e, portanto, deve ser destruído – e não há outra conclusão razoável à qual se possa chegar a partir das mensagens transmitidas pela mídia, pelas mesquitas e pelo sistema educacional palestinos –, então um acordo genuíno se torna impossível.

Se você estivesse no meu lugar, vizinho, o que faria? Aproveitaria a oportunidade e se retiraria para fronteiras mais estreitas, confiando em um movimento nacional rival que negou o seu direito de existir? Você arriscaria sua capacidade de se defender, talvez sua existência, para empoderá-lo? E você faria isso enquanto a região ao seu redor estivesse queimando?

Tendo concluído que cada concessão que ofereço se voltará contra mim, permaneço no limbo, ratificando uma solução de dois Estados enquanto me apego ao *status quo*. Contudo, ainda não posso aceitar nossa situação atual de um conflito aparentemente sem fim como o veredicto definitivo sobre nosso relacionamento.

Estamos presos, você e eu, em um ciclo aparentemente sem esperança. Não um "ciclo de violência" – uma formulação preguiçosa que nada nos diz sobre por que nosso conflito existe, o que não dizer sobre como acabar com ele. Em vez disso, estamos presos no que pode ser chamado de "ciclo de negação". O seu lado nega a legitimidade do meu povo, meu direito à autodeterminação, e o meu lado impede que seu povo alcance soberania nacional. O ciclo de negação define nossa existência compartilhada, uma intimidade impossível de violência, repressão, raiva, desespero.

Esse é um ciclo que podemos romper apenas juntos.

CARTA 6

A partilha da Justiça

Caro vizinho,

Então, como terminamos o ciclo de negação?

Fronteiras e assentamentos e Jerusalém são problemas cruciais que requerem soluções. Mas essas questões tangíveis são apenas consequências dos temores e anseios intangíveis que estimulam nosso conflito – sobrevivência e direito de existir, memória histórica e legitimidade das nossas histórias nacionais. Nenhuma fórmula política ou acordo, nenhuma linha arbitrária em um mapa, pode tratar das mais profundas ansiedades de cada um dos povos. Precisamos reconhecer por que a solução de dois Estados é tão traumática para muitos de nós, tanto israelenses como palestinos.

Vizinho, a verdade é que tenho medo da partilha. Tanto quanto digo a mim mesmo que eu quero e preciso da solução de dois Estados, emocionalmente eu tremo de medo diante da perspectiva de dividir essa minúscula e amada terra em dois Estados soberanos. A terra toda, entre o rio Jordão e o mar Mediterrâneo – incluindo o Estado de Israel, a Margem Ocidental e Gaza – tem menos de 30.000 km^2.

Tenho medo de infligir uma ferida autoimposta ao povo judeu. Como abandonamos Hebron sem cometer violência contra nosso senso mais básico da história judaica? No passado fomos exilados por nossos inimigos, o que de alguma forma permitiu que aceitássemos nossa sina. Dessa vez, porém, iremos nos autoexilar. Como suportaremos a amargura? Entendo, é claro, que estaríamos cedendo apenas uma parte da terra histórica e, no processo, salvando um Estado judaico e democrático – e, esperançosamente, recebendo em troca certa paz. Porém, do ponto de vista emocional, eu experiencio a partilha assim como fazem os colonos: como automutilação.

Estou profundamente comovido com o sucesso do movimento de assentamentos: o ressurgimento dos judeus nativos da Judeia e da Samaria. Filhos e agora netos nasceram e foram criados nas comunidades judaicas reconstruídas de Shilo e Ofra e Bet El e Kiriat Arba – os marcos da infância do nosso povo. Para esses israelenses, suas vidas desfazem os erros da história judaica, são uma resposta tardia aos conquistadores romanos e a todos que tentaram nos eliminar. Eles valorizam sua vida diária como uma afirmação de enraizamento.

Ao longo do século passado, milhares de comunidades judaicas na Europa e no mundo muçulmano foram destruídas. Deveríamos agora nós mesmos destruir comunidades judaicas na terra de Israel – cidades e vilarejos prósperos construídos em torno de uma vida judaica orgânica? Falo com muita naturalidade sobre apoiar uma solução de dois Estados. Mas como arrancar dezenas de milhares de meus compatriotas israelenses de suas casas, locais de trabalho e escolas? Minha geração teve o privilégio de retornar às terras que os judeus, ao longo de séculos de exílio, sonhavam em reabitar. Ser a geração que restaurou a vida judaica nas colinas da Judeia e da Samaria, apenas para desarraigar a nós mesmos – voluntariamente – será um trauma histórico.

Compreendo a rejeição visceral palestina da própria palavra "Israel", porque sinto o mesmo com relação à palavra "Palestina". Ao contrário de muitos dos meus compatriotas israelenses, não me incomodo com os mapas pendurados em suas salas de aula e escritórios que omitem o Estado judeu, porque em meu mapa emocional não há Palestina. Como um nome estrangeiro pode ser imposto à minha amada terra? Instintivamente, experimento o próprio nome "Palestina" como um ato de agressão linguística. É como acordar de manhã e aprender que o nome que você carregava desde o nascimento no final das contas não é seu e que você foi forçado a uma nova e estranha identidade.

Os diplomatas ocidentais bem-intencionados que tentam selar a paz entre nós não entendem: para ambos os nossos povos, a partilha não é um ideal, mas uma violação, uma amputação. Israel sem Hebron? Palestina sem Jaffa? Inconcebível.

E ainda assim – não vejo nenhuma alternativa sã à partilha. Não importa o quanto cada lado tente apagar o mapa do outro, Israel e Palestina persistem. Você e eu habitamos uma terra que é, conceitualmente, pelo menos, duas terras. Entre o rio e o mar ficam a terra de Israel e a terra da Palestina. Tragicamente, essas duas entidades existem no mesmo espaço. Se você me disser, vizinho, que Haifa lhe pertence, minha resposta é: eu entendo, a partir da sua perspectiva, que Haifa lhe pertence. Mas o problema é que, do meu ponto de vista, Hebron pertence a mim.

Dado o fracasso do processo de paz e a resistência emocional de ambos os lados à partilha, é tentador abraçar a solução de um Estado único, o qual palestinos e israelenses de alguma forma governarão em conjunto. No entanto, aqueles que fomentam essa aparente solução estão enganando a si mesmos. A única solução pior do que dividir esta terra em dois Estados seria criar um Estado que se autodevoraria. Não há dois povos que tenham lutado uma guerra existencial por cem anos e que possam compartilhar o funcionamento essencial do governo. O conflito atual entre nós empalideceria ao lado da raiva que entraria em erupção quando se compete pelos mesmos meios de poder. O modelo mais provável é a desintegração da Iugoslávia em suas facções étnicas e religiosas em guerra – ou talvez pior ainda. A solução de um Estado único nos condenaria a um caos de pesadelo – e privaria nós dois daquilo que a justiça exige: autodeterminação, sermos povos livres em nossas próprias pátrias soberanas.

Eu preciso de um Estado judeu. Não um Estado apenas para judeus – mesmo após a partilha, uma minoria substancial de cidadãos palestinos de Israel permanecerá em suas fronteiras –, mas um Estado em que o espaço público é definido pela cultura, pelos valores e pelas necessidades judaicas, no qual judeus do Oriente e do Ocidente possam se reunir e juntos criar uma nova era de civilização judaica. Um canto do planeta em que o ciclo das festividades começa no ano novo judaico e o rádio canta em hebraico moderno e a história ensinada nas escolas é enquadrada pela experiência judaica.

Os israelenses costumavam acreditar que criamos um refúgio seguro para o povo judeu. Nos dias de hoje, porém, com dezenas de milhares de mísseis apontados para nossos centros populacionais, temos menos certeza. Israel, contudo, é um refúgio seguro para o judaísmo, para nossa civilização de 4 mil anos. Esse é o único país no qual os judeus não estão preocupados em desaparecer em uma cultura majoritária não judaica.

Um amigo americano muçulmano de visita a Israel foi ao Muro das Lamentações em um feriado judaico e encontrou-se no meio de uma multidão de milhares de judeus. Mais tarde, ele me disse: "Agora entendo por que os judeus precisam de um Estado: para poderem proteger sua vida religiosa e ter suas próprias peregrinações, como fazemos em Meca". "O hadji judeu", ele o chamou, um *insight* exclusivamente muçulmano da soberania judaica.

Se Jaffa pertence a você e Hebron pertence a mim, então temos duas opções. Podemos continuar lutando por mais cem anos, na esperança de que um lado ou o outro prevaleça. Ou podemos aceitar a solução que está em cima da mesa quase desde o início do conflito, e dividir a terra entre nós. Ao aceitar a partilha, não estamos traindo nossas histórias, vizinho; estamos admitindo que a história não nos deu nenhuma escolha real.

David Ben-Gurion, que não acreditava menos do que os sionistas maximalistas na justeza da reivindicação judaica a toda a terra histórica de Israel, apoiou, entretanto, o plano de partilha da ONU em 1947. Ele observou que as circunstâncias peculiares do retorno dos judeus para casa depois de

2 mil anos exigiam humildade por parte do sionismo, uma prontidão para uma solução conciliatória até mesmo em relação ao que nos pertencia.

Como, então, passar de nossas geografias mutuamente exclusivas e começar a adaptar nossos mapas? Talvez reconhecendo que nós dois amamos esta terra em sua totalidade, e que nós dois devemos agir com violência em relação a esse amor. Um acordo de paz deve, sinceramente, aceitar a legitimidade das reivindicações maximalistas de cada lado, ainda que continue a negociá-las. A partilha é um ato de injustiça tanto para palestinos quanto para israelenses. É o reconhecimento das fronteiras dos nossos sonhos. Não só a terra, mas a própria justiça está sendo dividida entre dois reclamantes legítimos.

Nenhum dos lados pode renunciar à sua reivindicação emocional de integridade territorial. Contudo, nem toda reivindicação deve ser implementada na íntegra. O Estado de Israel não pode ser idêntico à terra de Israel, o Estado da Palestina à terra da Palestina. Cada povo exercerá soberania em apenas uma parte de sua terra. Precisamos separar entre a justeza abstrata de toda a reivindicação e entre a injustiça prática de sua realização. Nenhum lado pode implementar a totalidade de sua reivindicação sem eliminar a reivindicação do outro. O argumento moral da partilha é, portanto, simplesmente isso: a fim de permitir que o outro lado obtenha certa medida de justiça, cada lado deve impor a si mesmo alguma medida de injustiça.

Prevejo um acordo de paz em que cada lado coloque em jogo sua reivindicação a todo Israel/Palestina. Mas o acordo concluirá que a paz entre nós e a justiça parcial para cada um exigirá concessões dolorosas. O inimigo da justiça para ambos os lados é a justiça absoluta para qualquer um dos lados.

"A justiça, somente a justiça seguirás", ordena a Torá. Os rabinos perguntam: Por que a palavra "justiça" é repetida? Minha resposta foi moldada por nosso conflito. Às vezes, a busca da justiça significa realizar duas reivindicações à justiça, mesmo quando se chocam.

Isso requer uma troca: eu perco o Grande Israel e você perde a Grande Palestina. A partilha nos deixará diminuídos: um Israel menor, uma Palestina menor. Em prejuízo da justiça absoluta surgirá uma justiça mais ferida. Mas essa justiça irá acomodar a nós dois. Como afirma um grande mestre hassídico, Menachem Mendel de Kotzk: "Nada é mais completo do que um coração partido". Para nós, vizinho, nada é mais justo do que uma partilha que esteja quebrada.

Sem dúvida, seria mais fácil para você lidar com a ala de esquerda secular israelense, que repudia uma reivindicação emocional à Judeia e à Samaria e se refere a essas terras como "territórios ocupados". Mas, para o bem ou para o mal, eu sou o israelense com quem você precisa fazer as pazes – precisamente porque sou apaixonado por todas as partes da terra e relutante em abandonar qualquer uma delas.

Um motivo para me considerar seu parceiro é prático: minha sensibilidade é compartilhada por uma parte substancial do público israelense. Mas há um motivo mais profundo: minha visão espelha a sua própria noção de propriedade. Quase todo palestino que conheci acredita, como algo natural, que toda a terra pertence por direito ao seu lado. A paz só poderá ser feita quando cada lado entender que o outro sacrificou alguma parte essencial de si mesmo. Israelenses como eu podem ser o seu parceiro na dor mútua da partilha.

Grande parte da esquerda israelense cometeu o erro fatal de se retirar emocionalmente da Judeia e da Samaria e, com efeito, renunciar à nossa reivindicação histórica. Irônica, mas não ilogicamente, os únicos líderes israelenses que já deram início a retiradas substanciais dos territórios ganhos na Guerra dos Seis Dias eram de direita. Menachem Begin retirou-se do deserto do Sinai em 1982 e se tornou o primeiro líder a erradicar assentamentos; e, em 2005, Ariel Sharon destruiu os assentamentos em Gaza que ele mesmo havia construído. O padrão na política israelense tem sido de que a direita implementa a visão da esquerda. A esquerda não pode liderar uma retirada porque, em questões de segurança, o público confia apenas na direita. Os israelenses também querem que seus líderes sintam angústia genuína ao ceder território. Somente aqueles que lamentariam a perda do coração de Israel e a destruição de suas comunidades judaicas serão considerados confiáveis no que tange a esse processo doloroso.

A busca da partilha tem duas nêmeses. Uma está do meu lado: o movimento de assentamentos. A outra está do seu lado: a demanda pelo retorno dos refugiados palestinos ao Estado de Israel. Ambas compartilham o mesmo objetivo: negar ao reclamante rival a soberania nacional em qualquer parte desta terra. O movimento de assentamentos busca ocupar a Margem Ocidental com tantos israelenses que a retirada se torna impossível. E, ao vincular um acordo de paz ao regresso dos descendentes dos refugiados de 1948, os líderes palestinos pretendem ocupar Israel com tantos palestinos que os judeus acabarão por perder a maioria e, assim, o Estado judeu deixará de existir.

Não compartilho a conclusão dos pessimistas de que o movimento de assentamentos ganhou e que é tarde demais para que Israel se desprenda dos territórios. Israel, afinal, erradicou todos os seus assentamentos em Gaza. E, embora haja muito mais assentados na Margem Ocidental, a maioria vive perto da antiga fronteira de 1967, e "blocos de assentamentos" poderiam ser anexados por Israel, em troca de um território israelense equivalente a ser cedido à Palestina – em áreas em parte na fronteira com Gaza, em parte na fronteira com a Margem Ocidental.

Um fator de uma possível solução seria permitir que os judeus permanecessem cidadãos de um Estado palestino. Assim como os árabes vivem em Israel como cidadãos, também os judeus viveriam na Palestina como cidadãos. Aqueles que estão apegados de tal forma à Judeia e à Samaria, que preferissem um *status* de minoria ao desenraizamento, deveriam ser autorizados a permanecer.

A retirada exigirá um líder forte e comprometido com um acordo e com uma determinada maioria israelense – e, a fim de persuadir israelenses céticos, algum sinal de genuína aceitação palestina de um Estado judeu. Nenhuma dessas condições existe hoje. Mas no Oriente Médio, como aprendemos, tudo é possível. E, se um acordo final relacionado ao *status* não pode ser obtido neste momento, deveríamos considerar um acordo provisório.

Um obstáculo-chave para um acordo final relacionado ao *status* ainda é o "direito de retorno" – o direito dos descendentes de refugiados palestinos de 1948 de retornar à Palestina. Depois de ter lido o que escrevi sobre o anseio judaico de voltar para casa, você pode muito bem perguntar: os judeus, de todos os povos, não podem entender o anseio dos palestinos de retornar? Os judeus insistiram em seu direito de voltar depois de 2 mil anos; como podem negar o direito dos palestinos de voltar depois de apenas 70 anos?

Aceito seu direito de retorno. Mas a questão é: para onde? Israelenses que apoiam uma solução de dois Estados vislumbram o retorno àquela parte da pátria que se tornará um Estado palestino soberano. Mas os líderes palestinos têm exigido que o direito de retorno inclua o que é agora o Estado de Israel.

Somos ambos povos com extensas diásporas. Em 1950, o novo Estado de Israel aprovou a "Lei do Retorno", garantindo cidadania automática a qualquer judeu que viesse para casa de qualquer parte do mundo, sob quaisquer circunstâncias. Foi assim que me tornei israelense: apareci um dia no aeroporto de Ben-Gurion e me declarei um filho que retorna ao lar. A Lei do Retorno é a base sobre a qual o Estado judeu está assentado, que define sua responsabilidade moral pelo povo judeu. O Estado da Palestina com certeza decretará uma lei semelhante para o seu povo. Uma lei de retorno é uma lei de imigração, que Estados soberanos têm o direito de promulgar – muito diferente de um "direito" que efetivamente negaria a soberania a outro povo ao mover o seu próprio povo para o Estado do outro.

Inevitavelmente, cada lado vê o "retorno" como um componente essencial de sua soberania nacional. O movimento de assentamentos é uma expressão do direito de retorno do meu lado para toda a terra – não apenas para Haifa, mas para Hebron. É o análogo do direito de retorno do seu lado – não apenas para Hebron, mas para Haifa.

Exigir um direito palestino de retorno ao que é atualmente Israel é o equivalente político de Israel exigir o direito de continuar a construir assentamentos em um Estado palestino. É o "direito" de sabotar e destruir a capacidade do outro lado de construir uma pátria viável. A implementação prática da partilha, portanto, demanda que cada lado limite seu direito *legítimo* de retorno àquela parte da terra em que cada um exercerá soberania nacional.

A paz requer uma constrição mútua: meu lado restringe os assentamentos e o seu lado restringe o retorno dos refugiados. Essas concessões recíprocas são a pré-condição para a solução de dois Estados. Meu povo exercerá seu direito de retorno ao Estado de Israel, não a toda a terra de Israel. Seu povo exercerá o direito de retorno ao Estado da Palestina, não a toda a terra da Palestina.

A troca, por conseguinte, é de 1967 por 1948. Eu desisto da maioria dos ganhos territoriais de 1967 em troca de sua aceitação da criação de Israel em 1948. E nenhum dos lados tenta invadir a soberania do outro – não por meio de assentamentos, não pelo retorno de refugiados.

O presidente palestino Mahmoud Abbas quase deu esse salto conceitual. Em 2012, um repórter israelense lhe perguntou o que ele considera como Palestina. Abbas respondeu: "Palestina agora para mim são as fronteiras de 67, com Jerusalém Oriental como sua capital. Isso é agora e para sempre [...]. Isso é Palestina para mim. Eu sou [um] refugiado, mas vivo em Ramala."

O entrevistador insistiu: "Às vezes, sua TV oficial [...] fala sobre Acre e Ramla e Jaffa [cidades de Israel pré-1967] como 'Palestina'".

Abbas: "Acredito que [a] Margem Ocidental e Gaza sejam Palestina e as outras partes, Israel".

E a cidade de Safed, no norte de Israel, da qual a família de Abbas fugiu em 1948?

"É meu direito vê-la", disse ele, "mas não viver ali".

Fiquei reanimado. De repente, não senti mais a paralisia com a qual tenho vivido desde a Segunda Intifada; eu me permiti mais uma vez nutrir esperanças. Aqui estava o momento pelo qual eu aguardava. O avanço conceitual. Abbas não poderia ter sido mais explícito, na maneira pessoal mais comovente. Sem linguagem ambígua, sem subterfúgio: 1967 por 1948.

Mas então, confrontado pelo clamor entre os palestinos, Abbas se retratou. Eu estava falando apenas como um indivíduo privado, disse o presidente da Autoridade Palestina. "Ninguém pode abrir mão do direito de retorno."

Na verdade, cada lado é culpado de proclamar seu compromisso com uma solução de dois Estados enquanto continua a agir de forma contrária. Embora todo governo israelense nos últimos anos tenha afirmado a solução de dois Estados, e embora exista uma maioria de israelenses, de longa data, que apoia dois Estados, nosso lado mostrou sua falta de boa-fé da maneira mais literal possível – por meio de concreto e argamassa, expandindo os assentamentos. E a mensagem diária que a sua sociedade transmite a si mesma é que a solução de dois Estados é meramente uma tática palestina rumo à solução de um único Estado.

Nas últimas duas décadas, os líderes palestinos têm rejeitado toda a oferta de paz em parte devido à sua interpretação maximalista do retorno. Para eles, a condição prévia para a paz é a minha concordância em cometer suicídio.

Estou olhando para Anata, o campo de refugiados de Shuafat, uma das aldeias e bairros palestinos que posso avistar da minha varanda. Ao contrário dos campos de refugiados em Gaza, nos quais as autoridades palestinas proíbem melhorias substanciais nas condições de vida, aqui pelo menos casas estão sendo construídas. Novos edifícios de apartamentos assomam por cima do muro. De alguns apartamentos se vê roupa pendurada no varal, enquanto outros estão vazios. Tecnicamente é uma parte do município de

Jerusalém, mas os coletores de lixo da cidade e os técnicos de telefonia e bombeiros têm medo de entrar na aldeia. No entanto, Anata tampouco faz parte da Autoridade Palestina. Por conseguinte, seus moradores vivem em uma espécie de terra de ninguém, em que o crime e as drogas florescem, as baixas de um processo de paz fracassado. Ainda assim, não obstante toda a tragédia de Anata, ele não é mais um campo de refugiados. Os moradores de Anata não "retornarão" a lugar nenhum. Quando um Estado palestino for estabelecido, eles quase certamente estarão entre seus cidadãos.

No entanto, os seus líderes mantêm a ficção de Anata como um campo de refugiados. Uma geração após outra de palestinos está presa à fantasia do "retorno" a casas desaparecidas em Israel. A comunidade internacional é cúmplice do engano. Na década de 1950, uma convergência de interesses entre os blocos islâmico, comunista e dos não alinhados levou a ONU a criar a UNRWA, The United Nations Relief and Works Agency for Palestine Refugees in the Near East [Agência das Nações Unidas de Assistência aos Refugiados da Palestina no Oriente Próximo], que financia os campos de refugiados palestinos, sem fazer distinção entre, digamos, aqueles no Líbano e os na Margem Ocidental. A UNRWA é a única organização da ONU dedicada apenas à questão de refugiados. E os refugiados palestinos são a única comunidade de refugiados no mundo cujo *status* de "sem lar" é hereditário – ainda que vivam na Palestina. Isso resultou em mais financiamento internacional para refugiados palestinos do que para qualquer outro problema de refugiados. E o que há ali para exibir como resultado desse investimento? Apenas miséria e raiva.

Com a notável exceção da Jordânia, que concedeu cidadania aos refugiados palestinos, o mundo árabe manteve os palestinos como refugiados, apátridas e em campos, politizando sua miséria como evidência permanente contra Israel.

Enquanto isso, outras emergências humanitárias exigem atenção. Há, na última contagem, cerca de 60 milhões de refugiados em todo o mundo, muitos deles devido a novas crises no Oriente Médio. O *status* especial concedido aos refugiados palestinos é insustentável. E, dada certa oposição de qualquer governo israelense ao direito de retorno a Israel propriamente dito, a questão tornou-se um dos principais obstáculos às suas esperanças de soberania nacional, vizinho.

Conheço meu povo: se os israelenses sentirem que a paz é possível, haverá uma maioria apoiando concessões territoriais – assim como uma maioria apoiou a retirada do Sinai em 1982 e o processo de paz de Oslo em 1993. Entretanto, para convencer os israelenses a assumir riscos de segurança atemorizantes em um Oriente Médio em desintegração, precisamos ouvir que a insuportável negação do nosso direito de existir finalmente acabou. Precisamos ouvir de nossos vizinhos que Israel está aqui para ficar.

CARTA 7

Isaac e Ismael

Caro vizinho,

Eid mubarak, uma celebração abençoada para você. Hoje é o início do Eid al-Adha, a festa do sacrifício, que marca a tradição muçulmana do sacrifício frustrado de Ismael por Abraão. Há menos tráfego no meu bairro; menos palestinos de Jerusalém Oriental estão viajando no VLT [veículo leve sobre trilhos]. Ao anoitecer, luzes coloridas avivam a sua colina.

Tanta coisa entrelaça o islamismo e o judaísmo; tanta coisa nos divide. Partilhamos uma sensibilidade religiosa comum que vê lei e espiritualidade como inseparáveis, que regulamenta alimentos permitidos e proibidos para santificar a alimentação, que abomina imagens esculpidas como um embrutecimento do divino. Ambas as nossas fés possuem fortes tradições místicas, um anseio de ir além da fé, ao encontro direto com Deus. Somos comunidades religiosas que conheceram o deserto em nossos anos de formação e foram moldadas pela luta por sobrevivência. E, claro, temos um pai em comum, Abraão/Ibrahim, que em ambas as nossas tradições é exemplo de hospitalidade, deixando todos os lados de sua tenda abertos para convidar os viajantes ao descanso e a uma ligeira refeição.

Outro dia fui rezar no Túmulo dos Patriarcas e Matriarcas em Hebron. Em nenhum lugar nesta terra me sinto mais enraizado e mais desorientado do que nesse santuário que os muçulmanos chamam de Mesquita Ibrahimi e os judeus chamam de a Gruta da Machpelá – da raiz hebraica para "duplo", porque aqui estão enterrados os casais fundadores do povo judeu: Abraão e Sara, Isaac e Rebeca, Jacó e Lia. É possível que *machpelá* insinue outro acoplamento – do judaísmo e do islamismo, as religiões que se formaram de Isaac e Ismael, filhos de Abraão. Talvez, no desígnio divino, fomos feitos para estar entrelaçados, desafiados a crescer juntos.

No entanto, nesse lugar de nossa origem comum, em que muçulmanos e judeus devem se reconhecer como inseparáveis desta terra, e o hebraico e o árabe como as línguas de sua alma – é aqui que mais ferimos um ao outro.

Comecei minha peregrinação em um canto ao ar livre do enorme edifício de pedra, cujas fundações foram lançadas por Herodes, rei da Judeia, sobre o qual foi construída a mesquita que existe hoje. Uma placa indica que no passado havia aqui uma escada e que, durante séculos, os judeus foram limitados a subir até o sétimo degrau pelas autoridades muçulmanas, proibidos de entrar no edifício – proibidos de desabafar diante do pai Abraão e da mãe Sara. Em vez disso, os judeus inseririam bilhetes com orações nas fendas das pedras. Peregrinos recentes colocaram bilhetes nessas mesmas fendas, vinculando suas orações com aquelas de nossos ancestrais que, no passado, estiveram nesse lugar que personificava a humilhação do exílio.

Entrei no edifício, agora dividido em áreas para oração muçulmana e oração judaica. Não há muito tempo, era diferente. Nas décadas após a Guerra dos Seis Dias, muçulmanos e judeus se misturariam livremente aqui. Mulheres muçulmanas com lenços amarrados sob o queixo e mulheres judias com lenços amarrados na nuca rezavam silenciosamente – se não juntas, pelo menos lado a lado. Observando-os naqueles anos, eu havia sentido que esse lugar assumia uma dimensão extra de santidade, transmitida pelo simples ato de peregrinos muçulmanos e judeus se reunirem. Sim, isso acontecia sob o controle do exército israelense e a tensão era sempre palpável; mas, pela primeira vez, todos nós podíamos nos reunir aqui, e eu senti a bênção de nossas orações combinadas.

A estreita abertura que unia nossos mundos foi fechada em 25 de fevereiro de 1994, com o massacre do Ramadã, cometido por Baruch Goldstein, um judeu religioso que disparou contra uma multidão de fiéis muçulmanos no saguão de Isaac e Rebeca, assassinando 29 pessoas e ferindo dezenas de outras. Agindo em nome de Deus, ele cometeu a profanação final desse lugar sagrado.

Aproximei-me da área dedicada a Abraão e Sara – uma pequena sala de teto alto e abobadado, que contém cenotáfios de pedra marcando seus túmulos na gruta subterrânea. Isso faz parte da área "judaica" do local, separada por uma porta de ferro com cadeado da área "muçulmana" – na qual cenotáfios marcam as sepulturas subterrâneas de Rebeca e Isaac. Como se judeus ou muçulmanos possivelmente pudessem ser estranhos em qualquer lugar desse edifício.

Sentei-me em um banco contra a porta de ferro. Esse é o lugar do qual o terrorista se levantou, calmamente, carregando e recarregando sua arma automática enquanto disparava contra uma multidão de homens e mulheres curvados em oração. Como você pôde?, perguntei a ele. Como você ousou profanar o Nome de Deus e do seu povo?

O chamado do muezim à oração encheu o edifício. A voz era tão forte, parecia vir das paredes. Percebi que alguns judeus ficaram visivelmente ansiosos. Mas um jovem de chapéu preto e cachos de cabelos laterais, um visitante de Nova York, me disse: "Sabe, quando você pensa sobre o que eles estão dizendo – 'Allahu akbar', Deus é grande –, é uma coisa boa, não?" Sim: tão óbvio e, ainda assim, em Hebron, muçulmanos e judeus nunca podem tomar como certa a boa vontade alheia de um com relação ao outro. Eu quis abraçá-lo.

Nosso conflito, vizinho, não é uma mera disputa nacional ou territorial, porém assumiu dimensões transcendentes, tocando os mais profundos medos e esperanças de muçulmanos e judeus, o que complica imensamente nossas chances de chegar a uma solução. E está envenenando as relações entre muçulmanos e judeus ao redor do mundo. Isso faz com que tenhamos uma responsabilidade adicional, de tentar desativar as emoções despertadas em ambos os lados pelo nosso conflito.

Mas como respeitar os compromissos e anseios religiosos do outro quando eles parecem ameaçar os nossos? Esse dilema doloroso é especialmente agudo no que diz respeito ao *status* dos lugares sagrados que compartilhamos – e em nenhum deles mais evidente do que no Monte do Templo, o Haram el Sharif, ponto central espiritual e emocional de nosso conflito.

Muitos judeus não compreendem a profundidade da conexão muçulmana com a Mesquita Al-Aqsa, no Monte do Templo, na qual os fiéis vêm experimentar a tangível presença do Profeta que, você acredita, ascendeu dali para o céu, rompendo a barreira que separa este mundo do outro. Muitas vezes encontro, especialmente entre judeus da direita, uma rejeição da importância do Monte para os muçulmanos. É "apenas" o terceiro lugar mais sagrado do islã, alguns dirão, como se a santidade pudesse ser quantificada. (A Machpelá é "apenas" o segundo lugar mais sagrado do judaísmo, contudo, sua importância para os judeus religiosos – e seu significado histórico para muitos judeus seculares – é imensurável.)

Nós, israelenses, também precisamos entender como o Monte se tornou um símbolo de ocupação para os muçulmanos. O fato de você, vizinho, não poder atravessar com liberdade o muro e rezar em Al-Aqsa sem uma permissão de segurança é uma ferida permanente, ao mesmo tempo política e espiritual. Os israelenses devem reconhecer a dor profunda que temos causado na implementação de medidas para as nossas necessidades de segurança.

Na conversa muçulmano-judaica sobre nossos locais sagrados compartilhados, precisamos desesperadamente de um discurso de dignidade espiritual, não de um discurso que desonra a própria santidade que procuramos defender.

Muitos não judeus acreditam que nosso lugar mais sagrado seja o Muro das Lamentações. Na verdade, ele é apenas parte do muro de contenção que outrora cercava o Templo.

Para os judeus, o Monte do Templo é o nosso lugar mais sagrado, o ponto literalmente central da criação. Cremos que aqui a Presença de Deus veio habitar entre o povo de Israel. Os judeus lamentam a perda do Templo não apenas como o fim da nossa soberania e o início do nosso exílio da terra, mas, de modo mais profundo, como um "exílio" da tangível Presença Divina do nosso meio. A conexão profunda que mantivemos com o Monte do Templo é, em parte, nossa recusa em aceitar esse exílio como a palavra final. Não importa em que lugar um judeu esteja no mundo, ele ou ela se virará, ao rezar, em direção ao Monte do Templo.

A profecia bíblica é que, no fim dos dias, as nações se reunirão em peregrinação ao Monte, e a Casa de Deus será "uma Casa de Oração para todos os povos". Não sei como isso irá acontecer. Nem é minha obrigação religiosa, como judeu, planejar esse momento. Há uma sábia parábola rabínica sobre como o futuro Templo aparecerá: em uma nuvem de fogo, descendo do céu. A parábola é uma advertência, em especial para os judeus de hoje que novamente controlam Jerusalém: a reconstrução do Templo não está em suas mãos. Deixem o Monte para Deus.

E assim, embora eu não possa renunciar à minha reivindicação ao Monte do Templo sem cometer uma violência contra uma visão primordial do judaísmo, renuncio à sua realização por meio de mãos humanas.

Mas eu preciso que o seu lado, vizinho, reconsidere também algumas de suas posições. Preciso que seus líderes acabem com suas campanhas que negam qualquer vínculo judaico com os lugares sagrados. A mensagem implacável da mídia palestina é que não havia Templo antigo em Jerusalém, nenhum apego judaico ao Muro das Lamentações, nenhuma prova arqueológica das raízes judaicas nesta terra. Quando o presidente da Autoridade Palestina, Abbas, falava de Jerusalém, ele invocava a presença histórica de muçulmanos e cristãos, omitindo claramente a presença judaica.

Todo líder palestino, religioso ou político, com quem tenho falado ao longo dos anos insiste que, sob um Estado palestino, os judeus não teriam o direito de rezar na Machpelá, que os judeus não têm apego ao local, que só pode funcionar como uma mesquita. Os judeus seriam bem-vindos para visitar, os líderes palestinos me disseram – mas como turistas, não como peregrinos. Para os judeus, isso seria o equivalente moderno ao sétimo degrau.

Fico emocionalmente paralisado diante dessa sistemática negação do meu vínculo com os lugares mais sagrados do judaísmo. Como responder? Citar os museus israelenses que estão repletos de provas arqueológicas da minha história aqui? Ou os relatos dos viajantes a Jerusalém através dos séculos? Ou... não dizer nada, porque entrar em um debate de alguma forma legitima o ataque?

Depois, há a acusação implacável dos líderes palestinos de uma ameaça a Al-Aqsa. Nos últimos anos, os judeus têm sido alvo de uma onda de ataques terroristas – esfaqueamentos e tiroteios e abalroamento de veículos –, tudo em nome de "salvar" Al-Aqsa de uma suposta conspiração do governo israelense para minar e, finalmente, destruir a presença muçulmana no Monte.

Eu lhe digo, vizinho, com toda a insistência: não há nenhuma conspiração do governo para destruir Al-Aqsa ou, de qualquer forma, diminuir a presença muçulmana no Monte. A noção de um conluio judeu contra Al-Aqsa é um boato desprovido de fundamento, que se difundiu, de um modo ou de outro, desde a década de 1920, muitas vezes com resultados desastrosos, incentivando o assassinato em nome de Deus.

CARTAS AO MEU VIZINHO PALESTINO

(O massacre de 1929 em Hebron foi resultado desse boato venenoso.) A política israelense desde a Guerra dos Seis Dias tem sido acomodar a presença muçulmana e conter a presença de judeus, a ponto de proibir a oração judaica.

Quando os paraquedistas israelenses chegaram ao Monte do Templo na manhã de 7 de junho de 1967, seu primeiro impulso foi reivindicar o local para o povo judeu. Dois paraquedistas subiram ao Domo da Rocha e hastearam uma bandeira de Israel. O ministro da Defesa Moshe Dayan, que a tudo assistia através de binóculos do Monte Scopus, transmitiu pelo rádio ao comandante dos paraquedistas a ordem de que a bandeira fosse removida imediatamente. Isso é, em retrospecto, um exemplo surpreendente de contenção. O povo judeu tinha acabado de retornar ao seu local mais sagrado, ao qual nos fora negado acesso durante séculos, apenas para efetivamente ceder soberania nesse momento de triunfo. Pouco depois da guerra, Dayan se encontrou com oficiais muçulmanos e lhes concedeu formalmente o poder de veto sobre o direito de rezar no Monte.

A maior parte dos judeus religiosos aceita esse arranjo. Na verdade, nós nem caminhamos sobre o Monte do Templo, com medo de cometer uma transgressão no Santo dos Santos, o santuário interno do Templo, cuja localização exata não é mais conhecida. Sim, há um movimento crescente – felizmente ainda marginal – para pressionar o governo israelense a mudar o *status quo*, permitindo que os judeus orem no Monte. Mas a corrente dominante em Israel está restringindo esse anseio perigoso. Inclusive os governos israelenses de direita têm defendido essa política atual.

Entendo aqueles entre meus compatriotas judeus que acham a situação absurda. E, francamente, ela é absurda. Quando os judeus sobem o Monte do Templo, são "escoltados" por autoridades muçulmanas que vigiam seus lábios para garantir que nenhuma oração está sendo proferida silenciosamente. Os infratores são afastados e presos... pela polícia israelense, acionada pelas autoridades muçulmanas. Que um judeu seja impedido – por um governo judeu – de rezar ali, dentre todos os lugares?

E, no entanto, como a maioria dos israelenses, aceito a restrição que impusemos sobre nós mesmos. Ao proibir a oração judaica no Monte do Templo, o governo israelense decerto está agindo a partir de considerações pragmáticas em vez de altruístas, procurando evitar uma guerra religiosa. Entretanto, o pragmatismo, em especial quando relacionado a reivindicações religiosas, é uma raridade preciosa em nossa parte do mundo. Já houve algum exemplo, na história da religião, de tal restrição referente ao lugar mais sagrado de um povo?

Em última análise, a paz tem a ver com respeito mútuo. Os israelenses devem tratar os palestinos com dignidade. A verdade é que, para muitos judeus israelenses, tratar os outros com respeito pode ser um desafio. Israel é uma sociedade inquieta de refugiados e filhos de refugiados desenraizados e re-enraizados, e o lado obscuro da nossa vitalidade é uma franqueza que pode facilmente se converter em grosseria, a antítese do decoro árabe. Os israelenses muitas vezes não sabem como tratar uns aos outros com respeito, o que não dizer quando se trata daqueles cujo território estamos ocupando. Somos um povo com pressa de compensar nossos séculos perdidos de nacionalidade, um povo que não dá atenção a delicadezas e sutilezas. Às vezes penso que, se apenas soubéssemos como demonstrar simples respeito ao seu povo, tantas coisas poderiam ter sido diferentes aqui.

O que eu preciso de você é respeito pela história do meu povo. A campanha contra a nossa ligação com essa terra e seus locais sagrados diz aos judeus que nosso conflito não tem a ver com ocupação ou assentamentos, mas é, em vez disso, uma guerra contra a história judaica. Muitos judeus temem que a tentativa de nos eliminar conceitualmente é um primeiro passo para nos eliminar fisicamente.

Cada lado precisa enfrentar o impacto psicológico das nossas ofensas mútuas. Devemos reconhecer as maneiras pelas quais somos, um para o outro, personificações dos nossos maiores medos e aprender a respeitar as respectivas difíceis histórias. Meu lado precisa parar de reforçar o trauma muçulmano do colonialismo, e o seu lado, o trauma judaico da destruição. Enquanto nosso conflito permanecer um foco infeccioso das feridas dos muçulmanos e judeus no passado, a paz continuará a se nos escapar.

A religião nos condena a um conflito sem fim? O judaísmo contra o islamismo? Uma reivindicação sagrada contra outra?

Acredito que nossas crenças contenham recursos para nos ajudar a viver em paz e dignidade como vizinhos. Mas precisamos admitir com sinceridade que cada fé contém igualmente obstáculos à transigência. O judaísmo pode aceitar a divisão da terra considerada sagrada, uma confiança divina dada ao povo de Israel, e chegar a um acordo com a reconvenção de outro povo? O islã pode aceitar a legitimidade de um Estado de maioria judaica localizado no mundo muçulmano, aceitar os judeus não apenas como *dhimmis*, "pessoas protegidas" relegadas a um *status* secundário sob o islã, mas como iguais com direito à soberania nacional?

Nossas Escrituras oferecem retratos complicados um do outro. O Alcorão e o Hadith descrevem os judeus como pecadores e ingratos, mas também, junto com os cristãos, como o "povo do Livro", merecedor de respeito. A Torá e comentaristas rabínicos retratam Ismael – e implicitamente, através dele, os povos árabes e muçulmanos – como violento e grosseiro, mas também como um receptor da bênção divina. Os arquétipos em ambas as tradições dificilmente são lisonjeiros – porém, contêm uma base para respeitar a dignidade espiritual do outro.

Precisamos buscar essas vozes generosas embutidas em nossas tradições e oferecer novas interpretações a conceitos antigos – que é, afinal, a forma como as religiões lidam com mudança. Nossas tradições convidam à interpretação. Essa mesma flexibilidade ajudou o judaísmo a sobreviver. A religião pode ser uma força para um conflito sem fim ou para uma resolução pacífica. Isso depende, em parte, de como escolhemos ler nossos textos sagrados. O islamismo e o judaísmo são mundos ricos e complexos. Nós carregamos a luz, mas também o peso de séculos. Cada tradição deve enfrentar seus próprios desafios.

Do meu lado, a mensagem da Torá parece ser inequívoca: Deus deu esta terra ao povo de Israel. Para alguns judeus, essa é a palavra final sobre o assunto: somos seus legítimos possuidores e não há nada mais a discutir. Certamente, não compartilhar a terra com um reclamante – com você. É assim que o movimento dos assentamentos entende a questão da propriedade da terra. Nessa visão, não há espaço para as suas reivindicações nacionais.

Gostaria de sugerir outra forma religiosa de ler essa história.

Incorporado à relação judaica com a terra de Israel está o mandamento de renunciar periodicamente à propriedade. A cada sete anos, a terra deve ser deixada em repouso, devolvida ao seu estado prístino. E, no quinquagésimo ano, todas as propriedades e dívidas devem ser canceladas. Os frutos de árvores novas não podem ser comidos nos três primeiros anos; os cantos do campo devem ser deixados para o pobre. Esses mandamentos agrícolas só se aplicam à terra de Israel.

A mensagem é que uma terra santa não pertence a nós, mas a Deus. A ilusão da posse é uma expressão da santidade da terra. O sagrado nunca pode ser totalmente possuído por seres mortais. O espaço sagrado é um encontro com um mundo além de fronteiras, uma dimensão em que todas as reivindicações humanas são irrelevantes.

Deus quer que possuamos exclusivamente a terra? Ou pretende que neste momento a compartilhemos com outro povo? Para mim, a própria condicionalidade da propriedade, o fato de que ninguém e nenhum povo pode realmente possuir terra sagrada, oferece uma base religiosa para compartilhar a terra entre nós. Como guardiões, não proprietários.

As opiniões religiosas israelenses que considero mais convincentes são aquelas fiéis aos termos da propriedade condicional. Tem havido rabinos israelenses de liderança que concluíram, dolorosamente, que o preço a pagar era alto demais para realizar nossa reivindicação à totalidade da terra. Alguns rabinos moderados argumentam que a santidade da vida – a necessidade de evitar derramamento de sangue – suplanta a santidade da terra. Outros ainda recordam o versículo de Isaías: "Sião será redimida com justiça". Nessa leitura da minha tradição, ser fiel à terra significa estar preparado para renunciar ao nosso domínio exclusivo sobre ela.

Por ocasião da minha jornada pelo islamismo palestino antes da Segunda Intifada, fiz amizade com um xeique sufi que chamarei de Ibrahim. O xeique Ibrahim me levou às mesquitas em todo o país; sob sua proteção espiritual, eu me sentia seguro para ir a qualquer lugar. O que nos aproximava era uma espécie de curiosidade sagrada sobre o mundo um do outro, um deleite em nossas diferenças tanto quanto em nossas semelhanças. Ele citou o poderoso versículo do

Alcorão: "Ó humanos! Em verdade, Nós vos criamos de macho e fêmea e vos dividimos em povos e tribos, para reconhecerdes uns aos outros." Com olhos dilatados, o xeique exclamou: "O que isso diz? Matar um ao outro? Não! Conhecer um ao outro! O que meu irmão Yossi Halevi sabe? Ele é uma pessoa religiosa; qual é a sabedoria dele? Quem é Ibrahim, e o que ele tem para ensinar a Yossi Halevi? O que Deus criou em você que Ele não criou em mim?"

Perguntei ao xeique sobre as versões conflitantes em nossas respectivas tradições sobre a história do sacrifício de Abraão de seu filho. A quem pertence esta história? Em nossa guerra atual sobre narrativas nacionais e religiosas concorrentes, palestinos e israelenses reencenam uma antiga rivalidade entre os dois filhos de Abraão?

O xeique Ibrahim rejeitou minha preocupação. "Não há nenhum problema! Qual era a grandeza de Ismael? Qual era a grandeza de Isaac? Que eles aceitaram tudo o que Deus queria. Desejo aos filhos de Yossi Halevi, aos filhos de Ibrahim, que sejam como Isaac e Ismael." O que o xeique estava me dizendo era: Não se concentre nos detalhes do conflito, mas na mensagem unificadora nas duas narrativas. Que seja Isaac, que seja Ismael, ou, melhor ainda, que sejam ambos. Havia espaço suficiente no altar para todos aqueles muçulmanos e judeus que amavam a Deus e estavam dispostos a sacrificar-se pela vontade divina.

Cada uma de nossas tradições religiosas tentou permanecer fiel às suas histórias fundadoras. Para os muçulmanos, isso significa entregar-se a Deus para cumprir o destino humano. Para os judeus, significa fazer parceria com Deus para ajudar a curar um mundo ferido.

A diferença nessas duas abordagens se manifesta em como cada uma de nossas Escrituras conta a história de

Abraão no confronto diante da destruição iminente de Sodoma. Na Torá, Abraão negocia com Deus: se houver 50 justos em Sodoma, pouparás a cidade pecaminosa? E se houver 40? 30? 10? Deus parece encorajar a tentativa desesperada de Abraão, uma revolta contra o Céu pelo bem do Céu.

No Alcorão, também, Ibrahim inicialmente desafia a decisão de Deus de destruir a cidade. Mas ele é rapidamente silenciado. Quem é você, um mero mortal, diz Deus, para questionar os Meus caminhos? Ibrahim aquiesce, rende-se ao que ele não consegue entender.

Ambas as histórias oferecem modelos da interação divino-humana e nos dizem algo essencial sobre as diferenças entre nossas duas fés – diferenças que eu celebro. Prezo a sagrada ousadia do Abraão da Torá, que não pode suportar o sofrimento, mesmo quando divinamente iniciado. Esse espírito inquieto está incorporado na sala de estudo judaica, em que as perguntas não são menos importantes do que as respostas e se é encorajado a discutir com a tradição.

E prezo a sábia rendição do Ibrahim do Alcorão, cuja humildade reconhece a suprema futilidade das ideias e ambições humanas. Essa humildade é representada pelo tapete de oração muçulmano, oferecendo a totalidade de si mesmo em prostração diante de Deus.

Cada fé, é claro, conheceu tanto a rendição quanto a inquirição rigorosa. No judaísmo, há uma longa e poderosa tradição de martírio, que remonta aos tempos pagãos, de judeus fiéis preferindo a morte à conversão forçada. A história judaica gerou repetidamente movimentos de renovação espiritual, enfatizando a devoção e a rendição à vontade de Deus.

E no islamismo você tem a grande tradição da inquirição filosófica e científica que influenciou o Renascimento e transformou a humanidade.

Hoje, porém, cada comunidade de fé sofre de um declínio de um ou outro aspecto da vitalidade religiosa. A modernidade não tem sido gentil com a espiritualidade judaica: grandes partes do povo judeu se separaram da fé e da devoção básicas. O mundo muçulmano tem o problema oposto: uma erosão da inquirição aberta e da autocrítica.

Talvez possamos ajudar a restaurar o equilíbrio um do outro. Os judeus, eu sinto, precisam de algo do tapete de oração muçulmano; meus amigos muçulmanos dizem que precisam de algo da sala de estudos judaica. Podemos inspirar uns aos outros para renovar nossa grandeza espiritual?

Cada um dos nossos povos é caloroso e generoso – entre si. Porém mostramos nossa face mais dura um para o outro. Em vez disso, precisamos recorrer aos recursos profundos de nossa fé e nos vermos como partes inseparáveis de uma história sagrada compartilhada.

Essa história compartilhada começa com a revolta do nosso pai Abraão/Ibrahim contra a idolatria, quebrando as imagens esculpidas do seu pai e proclamando a unicidade de Deus – e por meio desse *insight* radical, a unicidade da humanidade. Ao prezar o legado de nosso pai compartilhado, participamos desse momento crucial do nascimento de uma nova consciência humana. E compartilhamos o anseio por um mundo livre da idolatria em todas as suas formas, de tudo o que obscurece nossa percepção da realidade divina.

Ambas as nossas tradições observam que Abraão/Ibrahim foi sepultado por Isaac e Ismael, que superaram sua rivalidade para honrar o pai. Junto com o conflito, isso também faz parte do nosso legado. Assim como a generosidade de nosso pai: talvez a memória de sua hospitalidade possa nos ajudar a encontrar uma forma de acomodar a presença um do outro nesta terra.

CARTA 8

O *paradoxo israelense*

Caro vizinho,

Nos dias anteriores aos atentados suicidas do início dos anos 2000, antes da construção do muro, palestinos e israelenses tiveram oportunidade de se conhecer. A ocupação, é claro, sempre esteve entre nós. Entretanto, havia interação humana.

Mas agora nos tornamos abstrações um do outro. O que me preocupa no que diz respeito à próxima geração é que mesmo encontros limitados entre nossos povos são cada vez mais raros. Em ambos os lados, raiva e ódio aumentam entre os nossos jovens. Qualquer possibilidade de coexistência depende de cada lado ter pelo menos alguma interação positiva, algum conhecimento da realidade do outro.

Eu já lhe contei algo acerca da minha fé, da minha história pessoal e da história do meu povo. Agora, no espírito de exortação do Alcorão a que nos conheçamos, eu gostaria de lhe contar algo sobre Israel dos dias modernos, a sociedade que existe à vista de sua colina – quem somos e como gerimos as nossas questões internas. Afinal, nossas nações estão ligadas uma à outra. O modo como meu país funciona terá implicações para ambos os nossos futuros.

Se eu tivesse que resumir em uma palavra o que mais caracteriza a sociedade israelense, seria: paradoxo.

Nossa Declaração de Independência definiu Israel como um Estado judeu e democrático. De acordo com seus idealizadores, Israel seria a pátria dos judeus ao redor o mundo, sejam eles ou não cidadãos israelenses. E seria o Estado democrático de todos os seus cidadãos, sejam eles ou não judeus. Essa dupla identidade – judaica e democrática – é o desafio aspiracional legado a nós pelos fundadores.

Israel é um Estado secular ou religioso? A resposta depende em parte de onde a pergunta está sendo feita. A partir do ponto de vista de Tel Aviv, com seus clubes e restaurantes não *casher*, Israel é uma sociedade completamente secular. Visto de Jerusalém, com suas sinagogas e salas de estudo, Israel é uma sociedade profundamente tradicional. Eu defino Israel como um Estado secular em uma terra santa. Quando o sionismo determinou que não poderia haver um lar nacional substituto para os judeus exceto Sião, garantiu um conflito permanente entre religião e Estado que só pode ser gerenciado, nunca inteiramente resolvido.

Israel é um ponto de encontro desconfortável entre judeus do Oriente e do Ocidente. Para os *mizrahim*, ou judeus oriundos de países muçulmanos, esse encontro muitas vezes significou, em especial nos primeiros anos de Israel, discriminação e desprezo paternalista por parte do *establishment* europeu as-quenazita; hoje, cada vez mais, o encontro entre asquenazitas e *mizrahim* ocorre sob o pálio nupcial. A comunidade central que fundou Israel era esmagadoramente asquenazita e secular, e o secularismo permanece vibrante; ao mesmo tempo nossa música, culinária, até a língua são cada vez mais influenciadas pela cultura tradicional *mizrahit*. O *oud* encontrou a guitarra elétrica: os *piyutim*, poemas litúrgicos dos *mizrahim*, foram recuperados da amnésia cultural do Estado de Israel secular e adotados por nossos principais músicos de rock. A música israelense já foi portadora do *ethos* secular; hoje expressa o desejo dos israelenses de se reconectar com a tradição judaica.

Conheço judeus israelenses originários do Oriente Médio cuja paixão por Oum Kalthoum, a grande cantora egípcia, faz parte de sua identidade familiar. E há cantores e bandas israelenses – como Orphaned Land, que combina *heavy metal* com *piyut* – que são populares em países árabes e muçulmanos. Quando a banda se apresenta na Turquia – o único país muçulmano que permitiu que o fizesse – fãs do Líbano, do Egito e inclusive do Irã foram aos seus shows, alguns agitando suas bandeiras nacionais.

Assisti recentemente a um concerto que celebrava am-bas, a música judaica e a árabe, realizado fora dos muros da Cidade Velha de Jerusalém. O show atraiu não só judeus israelenses, mas também palestinos da Cidade Velha e de outros lugares em Jerusalém. No palco, havia judeus can-tando em árabe e árabes cantando em hebraico. A paz não é apenas um desafio político, mas também um desafio cultural. Quanto mais Israel reivindicar sua identidade oriental, maior a chance de encontrarmos nosso lugar na região.

O paradoxo está embutido na própria natureza da so-ciedade israelense, criado pela "reunião dos exilados", como denominamos a imigração de judeus de todo o mundo. Os judeus trouxeram para casa a sabedoria e os temores aprendidos em suas diversas perambulações e os impuseram na realidade israelense. Como um judeu criado em Nova York na década de 1960, que absorveu os valores pluralistas da sociedade americana, vim a Israel com o compromisso de ajudar a fortalecer sua cultura democrática. Temo o enfraquecimento das normas democráticas, especialmente entre os jovens israelenses, que cresceram após o colapso do processo de paz e cujas memórias formativas têm sido o terrorismo e os ataques de mísseis do Líbano e Gaza. Fiquei grato ao IDF por levar a julgamento um soldado israelense que atirou em um agressor palestino desarmado em Hebron e o matou. No entanto, embora o soldado tenha violado o código de ética e as regras de combate do exército israelense, muitos o aclamaram como herói.

Mas conheço israelenses da antiga União Soviética, por exemplo, que cresceram como uma minoria oprimida sob um regime totalitário. Sua grande ansiedade é que os judeus, há tanto tempo indefesos, ainda precisem aprender a exercer o poder de forma eficaz. Eles temem que as sutilezas democráticas, como um código de ética do exército, sejam um luxo que um país sitiado não pode se permitir, e que as restrições autoimpostas solapam nossa capacidade de nos defendermos.

Muitas vezes me parece que o debate nacional israelense é realmente a história judaica discutindo consigo mesma. Quem somos? O que nossa história espera de nós? Como nos conciliamos ou simplesmente convivemos com nossos múltiplos paradoxos?

Inevitavelmente, Israel reflete as contradições dos judeus. Voltamos para casa com expectativas opostas do que um Estado judeu deveria ser. Os sionistas seculares ansiavam por um Estado que "normalizasse" os judeus, um dos povos mais anormais da história, criando uma nação entre as nações. No

O PARADOXO ISRAELENSE **139**

processo de desmitologização do povo judeu, os secularistas esperavam que o antissemitismo desaparecesse gradualmente.

Os sionistas religiosos, por outro lado, ansiavam por um Estado que confirmasse o excepcionalismo judaico, se tornasse uma "luz para as nações", até mesmo um gatilho para a redenção da humanidade. Como o Estado judeu poderia ser ambos, normal e excepcional, era um dilema que permaneceu abstrato para o movimento sionista – até que realmente alcançamos a condição de Estado. Agora, visões contraditórias se converteram em conflitos sociais.

Há um momento decisivo na Bíblia, quando os anciãos de Israel se aproximam de Samuel, o profeta (cuja sepultura, não muito longe de nossas duas colinas, está localizada em um edifício que contém pacificamente uma mesquita e uma sinagoga). Os anciãos exigem de Samuel a unção de um rei sobre Israel, para que sejamos "como todas as nações". Normais: livres do fardo da escolha. Samuel fica indignado. Israel é governado por profetas; por que os anciãos querem um mero rei como governante?

Esses impulsos – ser normal e ser excepcional – são os anseios gêmeos que percorrem a história judaica. A genialidade do sionismo – e uma das razões de seu sucesso entre os judeus do mundo – foi o fato de ter abraçado esses dois anseios e prometido aos judeus que cumpriria ambos.

Compartilho esses anseios contraditórios. Vejo a transformação dos judeus de novo em uma nação soberana como uma das grandes conquistas da história judaica. Quero que Israel seja normal, aceito pela comunidade internacional, mais à vontade em sua normalidade, finalmente capaz de tomar a existência como certa. Mas também quero um Israel que busca mais do que a existência, que preza a visão dos profetas de uma sociedade justa – que é digno de todas as esperanças e orações e esforços investidos em sua fundação.

Ironicamente, ainda temos que cumprir verdadeiramente qualquer uma dessas visões, de normalidade ou de excepcionalismo. Israel é um Estado-nação, porém dificilmente pode ser chamado de normal. Somos com frequência a grande exceção, o pária – do Oriente Médio, da ONU. Quanto ao desejo de ser uma sociedade exemplar, Israel muitas vezes parece dolorosamente normal, com corrupção política e crime organizado e todos os males da modernidade. Os fundadores procuraram criar uma nação que seria normalizada em suas relações com o mundo, mas internamente excepcional, um laboratório de socialismo democrático. Às vezes, contudo, parece que criamos a dinâmica inversa: externamente anormal, internamente nada excepcional.

Talvez esse seja o maior desafio de Israel: tornar-se uma nação normal entre as nações enquanto aspira a criar uma sociedade digna da história e dos sonhos judaicos. Um dos motivos pelos quais estou entrando em contato com você, vizinho, é que a capacidade de Israel de realizar essas duas aspirações dependerá, em parte, do nosso relacionamento com você e seu povo.

Israelenses seculares e religiosos ainda estão discutindo sobre normalidade e excepcionalidade. É improvável que uma das perspectivas prevaleça, porque ambos os argumentos abordam uma necessidade judaica essencial. Depois do Holocausto, muitos judeus religiosos concordaram que a promessa de normalização do sionismo secular oferecia uma cura vital para o povo judeu. E hoje, com o crescente materialismo em nossa sociedade, muitos judeus seculares concordam que a sociedade israelense precisa de uma transfusão de espiritualidade, um renovado senso de propósito e direção.

Vivo no inquieto ponto de encontro entre a tradição e a modernidade. Sou um judeu religioso, mas não voto em um partido religioso. Quero manter a religião tão longe quanto possível da política. Ao mesmo tempo, reconheço que aqui não são os Estados Unidos e que em nossa região, e em um país de maioria judaica, não pode haver separação completa entre religião e Estado. Certa vez, entrevistei um dos líderes da revolta secular contra o *establishment* rabínico, e presumi que o seu modelo para Israel fosse a separação americana de religião e Estado. Mas ela me surpreendeu: isso é impossível em Israel, ela disse. A religião é uma grande parte da identidade da nação

No entanto, o secularismo também é uma parte essencial de nossa identidade. Devido à centralidade da condição de povo para o judaísmo, os judeus mais estritamente observantes não têm escolha a não ser aceitar os mais seculares como irmãos judeus. E, assim, Israel deve acomodar religiosos e seculares, garantindo que ambos vejam um reflexo de suas identidades no *ethos* nacional.

Para amenizar as tensões religioso-seculares, chegamos a uma série de transigências. O rabinato ortodoxo do Estado, por exemplo, tem o monopólio do casamento – remanescente do Império Otomano, no qual cada religião tinha seus próprios tribunais para questões de *status* pessoal. (Os tribunais da Sharia têm o mesmo *status* legal em Israel que os tribunais rabínicos.) Isso significa que não há opção de casamento civil em Israel, seja para judeus seja para muçulmanos. Mas se um casal viaja, digamos, para Chipre, a vinte minutos de distância, e se casa em um tribunal civil, quando volta para casa, seu casamento será reconhecido pelo Estado.

Mais cedo ou mais tarde esse sistema absurdo terá que mudar, mesmo porque cada vez mais jovens israelenses judeus estão optando por viajar ao exterior e se casar sem um rabino ortodoxo.

Depois, há a solução conciliatória relacionada à observância pública do sábado. Uma das primeiras perguntas que irritou Israel depois de sua fundação foi: Como deve um

Estado judeu moderno observar o sábado em seu espaço público? Deve proibir atividades consideradas violações do sábado sob a lei ortodoxa ou tratar esse dia como qualquer outro dia da semana?

Israel optou, como sempre, por uma solução confusa. O transporte público é suspenso no sábado em áreas e zonas de comércio judaicas mais ou menos proibidas, mas eventos culturais e esportivos são permitidos, e restaurantes e cafés permanecem abertos. Nos últimos anos, o chamado *status quo* referente à observância do sábado tem se erodido, e o comércio nesse dia se expandiu. Uma possível atualização do *status quo*, apresentada conjuntamente por um importante rabino e um importante jurista secular, permitiria o transporte público e manteria o entretenimento, enquanto fariam cumprir a proibição do comércio, que é a mais flagrante violação do espírito do sábado. Desse modo, cada judeu israelense poderia determinar sua forma de desfrutar do dia de descanso. Essa solução de compromisso sugerida é um exemplo de relações religioso-seculares no melhor dos cenários possíveis; descobrir como dar lugar, em nosso espaço público, a uma variedade de abordagens da tradição judaica.

Israel foi fundado por judeus seculares – muitos dos quais em revolta contra suas famílias religiosas – e, portanto, o secularismo é inerente em nossos alicerces. É também a rede de segurança contra o crescente fundamentalismo. Entretanto, como a maioria dos judeus israelenses, quero que valores e cultura judaicos configurem nosso espaço público. (O que constitui "valores judaicos" faz parte do debate em curso sobre a nossa identidade.) Enquetes mostram que a maioria dos cidadãos judeus quer menos legislação religiosa e mais tradição em sua vida. Acredito que Israel caminha nessa direção. Trata-se de um delicado equilíbrio entre nossas identidades secular e religiosa, e cada geração terá que renegociar os detalhes. A premissa de todos esses arranjos deve continuar a ser que nenhuma parte da sociedade israelense seja autorizada a determinar totalmente a face da cultura e da política israelenses.

Para complicar ainda mais, existe a contínua disputa entre o governo israelense e o judaísmo reformista e conservador sobre quem tem o direito de controlar a oração no Muro das Lamentações. Uma transigência do governo, que teria concedido *status* oficial para essas linhas liberais sobre uma área do Muro desmoronou após a oposição dos partidos ultraortodoxos, que se opõem ao reconhecimento dos movimentos não ortodoxos. Dado que a maioria dos judeus americanos que praticam o judaísmo se identifica como reformista ou conservadora, a crise criou uma ruptura entre Israel e a Diáspora.

Acho a raiva e a angústia dos judeus reformistas e conservadores profundamente comoventes. O que eles na verdade estão dizendo para Israel é: você deveria ser a pátria de todos os judeus, o que significa que seu espaço público precisa refletir nossa diversidade religiosa; ao conceder controle exclusivo a uma parte do povo judeu, aos ortodoxos, você está traindo o compromisso sionista com a noção de povo.

Israel precisa não apenas administrar sua diversidade judaica radical; seu desafio ainda maior é também incluir os cidadãos árabes – que totalizam 20% da população, muitos dos quais se identificam como palestinos – em sua identidade nacional.

Israel deve honrar suas duas identidades inegociáveis, como um Estado judeu e como um Estado democrático. Israel não pode renunciar ao seu compromisso de ser a continuação da história judaica e o potencial protetor dos judeus do mundo sem causar danos irreparáveis à sua essência. Muito da vitalidade e das conquistas de Israel advêm da identidade judaica do país, da motivação para transformar um sonho de 2 mil anos em um milagre contínuo de realização. Remova a judaicidade de Israel – e seu coração, sua paixão, será extirpado.

No entanto, o fracasso em incluir os cidadãos árabes na identidade nacional e no espaço público cria um tipo diferente de ameaça existencial. Uma vez perguntei a um membro árabe da Knesset (Parlamento israelense) qual havia sido seu momento mais "israelense". Eu esperava que ele mencionasse seu juramento como membro do Parlamento, ou talvez seu orgulho pela vitória de um time esportivo israelense. Em vez disso, ele disse: Nunca tive um momento israelense; nunca me senti israelense.

Para os cidadãos árabes de Israel, o problema de sua identidade está incorporado ao hino nacional de Israel, que evoca o anseio judaico por Sião. "Enquanto no fundo do coração palpitar uma alma judaica", o hino começa. Como um árabe israelense me disse: Não tenho nenhum problema com um coração judeu, eu simplesmente não tenho um. Um juiz árabe da Suprema Corte que presidiu a condenação à prisão de um ex-presidente israelense (acusado de estupro) – certamente uma prova do *status* inviolável de um juiz na sociedade – disse a um entrevistador que ele não canta o hino nacional.

Como judeus israelenses e árabes israelenses comemoram o Dia da Independência juntos, quando para os judeus é um dia de redenção e para os palestinos um dia de catástrofe?

A abertura total da identidade israelense aos israelenses palestinos é uma perspectiva assustadora para árabes e judeus. Para os árabes significa desempenhar um papel ativo na vida pública de uma nação que está ocupando o território de seus parentes na Margem Ocidental. Para os judeus significa confiar, como concidadãos, em uma população cuja simpatia natural pode estar com os palestinos e o mundo árabe, com os inimigos do país.

O PARADOXO ISRAELENSE **145**

Pode haver uma identidade mais paradoxal, dada a nossa situação, do que a de "israelense palestino"? Durante a guerra de 2006 entre Israel e o Hezbollah islâmico libanês, eu estava em um restaurante árabe no norte da cidade de Haifa quando soou a sirene, alertando para um iminente ataque de mísseis. Árabes e judeus aglomeraram-se, buscando abrigo na cozinha. Ficamos amontoados em um silêncio constrangedor. Finalmente, alguém disse: "Coexistência". Todos sorriram com tristeza. O momento surreal captou o paradoxo dos palestinos israelenses: buscar abrigo junto com judeus de um ataque de mísseis lançado em nome da causa palestina.

Contudo, não obstante todo o constrangimento e a ambivalência e a raiva, acredito que um senso de cidadania compartilhada entre judeus e árabes israelenses não é apenas essencial, mas também possível. As pesquisas mostram consistentemente que a maioria dos árabes israelenses acredita que Israel é um bom país para se viver, embora metade também afirme que os árabes são discriminados; ainda mais surpreendente, a maioria diz que está orgulhosa de ser israelense. Quando indagados se optariam pela cidadania em um futuro Estado palestino, a esmagadora maioria respondeu que não, mesmo que pudesse permanecer em sua casa e não atravessar a fronteira.

A má notícia para o meu país é que uma grande minoria dos árabes está alienada da sociedade israelense. Alguns israelenses palestinos não se denominam israelenses de forma alguma, preferindo o termo "palestinos de 1948" – ou seja, palestinos que não partiram durante a Nakba.

No entanto, o fato de que a maioria dos cidadãos palestinos de Israel ainda se identifica até certo ponto com o Estado, mesmo sem fim do nosso conflito à vista, significa que existe uma base a partir da qual trabalhar em direção a uma sociedade e identidade compartilhadas, por mais tensas que sejam. Como cidadão de Israel, estou comprometido com esse empenho.

Como, então, proceder? Mohammad Darawshe, um dos principais ativistas israelenses palestinos e meu colega no Instituto Hartman, diz que os árabes de Israel precisam aprender a agir como uma minoria e os judeus de Israel precisam aprender a agir como maioria. Creio que ele tocou no cerne psicológico do problema.

Os judeus de Israel são uma maioria curiosa: somos a maioria em nosso próprio país, mas estamos perfeitamente conscientes de sermos uma minoria em uma região hostil – uma região à qual os israelenses árabes pertencem, por cultura e sentimento. Isso significa que tanto os judeus quanto os árabes de Israel com frequência se sentem ao mesmo tempo como uma maioria e como uma minoria.

O desafio de Darawshe aos judeus é lembrar que, afinal, estamos no controle de um país poderoso e bem-sucedido e devemos agir com a generosidade de uma maioria autoconfiante. Seu desafio aos árabes é que ajam com a sabedoria de uma minoria presa numa situação extremamente delicada, entre a lealdade à sua identidade palestina e a necessidade de encontrar seu lugar numa sociedade majoritariamente judaica.

Muitos judeus temem os cidadãos árabes como uma quinta coluna em potencial. Esses temores são reforçados pelos membros árabes da Knesset, alguns dos quais se identificam abertamente, mesmo durante épocas de guerra, com os inimigos de Israel, como o Hamas e o Hezbollah. Os parlamentares árabes têm chamado os soldados israelenses de nazistas e apoiado ataques terroristas. Um membro árabe do Parlamento se recusou a chamar o sequestro de três adolescentes israelenses (que mais tarde foram encontrados assassinados) de um ato de terror. Esses não são incidentes isolados, mas parte de um padrão.

Sendo a maioria, os judeus precisam tranquilizar os cidadãos árabes que os vemos como parte integrante de nossa sociedade. O primeiro passo é acabar com a discriminação contra cidadãos árabes, especialmente em relação a verbas governamentais para educação e infraestrutura e outras necessidades. Esse horror viola a promessa dos fundadores de Israel de criar uma sociedade no espírito da justiça profética. De algumas formas, a situação está melhorando gradualmente – e inclusive o governo de direita de Netanyahu investiu recursos significativos na comunidade árabe, percebendo que a economia israelense sofreria se uma parte da população ficasse para trás. Mas de outras, estamos caminhando para trás – como a pletora de leis, propostas por legisladores da direita, enfatizando a judaicidade do Estado em detrimento de sua identidade democrática. Embora poucas dessas leis tenham sido realmente aprovadas, elas criam uma atmosfera em que a democracia está na defensiva.

Como parte da maioria regional, os árabes de Israel precisam assegurar aos cidadãos judeus que eles querem fazer parte de Israel – a começar pela eleição de membros da Knesset cujo objetivo seja integracionista, em vez de nacionalista ou islamista. A disparidade entre as pesquisas que mostram uma valorização de Israel entre os cidadãos árabes e as expressões de alienação e até de ódio por parte de membros da Knesset que os representam é insustentável. Só reforça os medos mais sombrios dos judeus israelenses.

Enquanto nosso conflito persistir, as relações entre árabes e judeus em Israel continuarão anormais. Porém, no mínimo, os judeus israelenses precisam transmitir aos árabes israelenses que vemos seu lugar em nossa sociedade não como um problema a ser administrado, mas como uma oportunidade para que Israel mantenha seus próprios padrões morais. E, ao incluir árabes na identidade israelense, estamos dando um passo para integrar Israel à região.

No final, não sei se nossos paradoxos internos podem ser resolvidos. Talvez nem devessem ser: qualquer tentativa de abraçar uma definição de Israel com a exclusão da outra alienará grandes segmentos da população do *ethos* nacional e causará violência ao delicado equilíbrio que administra nossas identidades e anseios conflitantes.

No melhor dos casos, Israel é energizado pelo paradoxo. Vejo Israel como um campo de testes para gerenciar alguns dos dilemas mais agudos – o confronto entre religião e modernidade; Oriente e Ocidente; etnicidade e democracia; segurança e moralidade. Esses são desafios dignos para um povo antigo que vagou pelo mundo e absorveu sua diversidade – e trouxe o mundo com tudo isso de volta para casa.

Na verdade, o equilíbrio entre nossos paradoxos está constantemente mudando. Poucas sociedades são tão maleáveis, tão propensas a uma mudança fundamental em tão pouco tempo, como Israel.

Nas minhas quase quatro décadas aqui, vivenciei pelo menos três Estados de Israel distintos. Havia o Israel deprimido da década de 1980 – inflação de 300%, uma situação de guerra no Líbano sem vitoriosos, aumentando o isolamento da comunidade internacional. Em seguida, houve o Israel exuberante do início dos anos 1990 – o Processo de Oslo, o início de *startups* de alta tecnologia em Israel, a imigração em massa da antiga União Soviética, aumentando a aceitação da comunidade internacional. E então houve o Israel que emergiu com o colapso do processo de paz em 2000 – passando de uma guerra para a seguinte, sua população civil como alvo de bombardeiros suicidas e de mísseis, um Israel sem sonhos vivendo um dia de cada vez, que nunca baixa a guarda.

Esse Israel tem persistido agora por quase duas décadas. Mas, se o passado é alguma indicação, aguardamos outra mudança drástica na história israelense. Minha esperança, vizinho, é que, na próxima virada, nossas duas sociedades renovem seu encontro, mas dessa vez com base em respeito mútuo.

CARTA 9

Vítimas e sobreviventes

Caro vizinho,

Hoje às 11h a sirene soou para o Dia em Memória das Vítimas do Holocausto. Na minha colina tudo ficou paralisado por dois minutos completos. Os motoristas estacionaram seus veículos à beira da estrada e permaneceram em silêncio. Escolas, fábricas, escritórios, bases militares: todas as atividades suspensas. Um povo inteiro unido pela sua ferida.

E então pensei em você. Sem dúvida você ouviu a sirene em sua colina. O que estava pensando? Você teve uma sensação de solidariedade humana conosco? Ou foi esse um momento de amarga ironia para você: o ocupante ostentando velhas feridas, fingindo ainda ser a vítima?

Até agora, evitei escrever para você sobre o Holocausto. A omissão foi deliberada. Seu peso pode dominar nós dois. E é muito fácil de manipular: contra você – como desdenhoso de seu sofrimento (porque de que forma a ocupação pode se comparar *àquilo?*). E contra mim – como acusação (porque como podem os judeus, dentre todos os povos, maltratar outros depois do que lhes foi feito?).

Por fim, eu queria contar a você uma narrativa do retorno do povo judeu a esta terra que não reforçasse a pressuposição que tenho ouvido por décadas de palestinos e de muçulmanos em geral: que a única razão pela qual Israel existe é a culpa ocidental pelo Holocausto. Os israelenses ficaram chocados quando o presidente Barack Obama, ao se dirigir ao mundo muçulmano em seu discurso de 2009 no Cairo, não pôde oferecer nenhuma outra justificativa para a existência de Israel a não ser o Holocausto. Obama teve boas intenções; ele pretendia desafiar a negação do Holocausto tão difundida no mundo muçulmano. Mas não foi isso que os israelenses ouviram. E quanto aos nossos 4 mil anos de vínculo com a terra?, exclamaram os israelenses. E a nossa história?

(O presidente Obama mais tarde tentou corrigir esse passo em falso, afirmando enfaticamente durante uma visita ao Yad Vashem, o Memorial do Holocausto em Jerusalém, que a legitimidade de Israel se baseia não no sofrimento judaico, mas na fé e no apego à terra.)

Recentemente me deparei com a seguinte mensagem anônima no Facebook: "O renascimento de Israel não ocorreu por causa do Holocausto. O Holocausto ocorreu porque não havia Israel".

Abordar o Holocausto em nossa conversa é tão inevitável quanto aquela sirene assombrosa. Mesmo quando o último dos sobreviventes morrer, o Holocausto continuará a moldar nosso conflito, de maneiras óbvias e sutis. E então, vizinho, deixe-me tentar explicar o que acontece na minha colina, entre o meu povo, quando a sirene soa, e como o Holocausto afeta a forma como pensamos sobre você e o nosso conflito.

Ontem à noite fui à cerimónia oficial, realizada no Yad Vashem. O presidente de Israel, Reuven Rivlin, falou sobre a necessidade de os judeus se libertarem do trauma do Holocausto: "O povo judeu não nasceu em Auschwitz", disse ele. "Não foi o medo que nos manteve durante os 2 mil anos de exílio, foram os nossos bens espirituais, nossa criatividade compartilhada [...]. O Holocausto está permanentemente marcado em nossa carne [...]. Ainda assim, o Holocausto não é a lente através da qual devemos examinar nosso passado e nosso futuro." Rivlin também alertou os judeus contra o uso indevido da memória do Holocausto para ganhar pontos políticos, inclusive contra nossos inimigos. Corajosamente, ele condenou seu mentor político, o ex-primeiro-ministro Menachem Begin, por declarar a invasão do Líbano por Israel em 1982 uma tentativa de impedir outro Holocausto.

Seis sobreviventes acenderam tochas, cada qual em memória de 1 milhão de vítimas. Havia o *partisan* ucraniano, o peito cheio de medalhas soviéticas; a mulher argelina que sobreviveu escondendo-se em Paris. Cada um contou a sua história. Eles falaram sobre seu sofrimento durante o período da guerra de forma prosaica; mas estavam claramente orgulhosos da vida que haviam criado depois da guerra, de seus filhos e netos. Ao se transformarem de vítimas em sobreviventes, eles tinham extraído da sua sina uma missão. Mais que tudo, falaram de seu amor e gratidão a Israel, que permitiu que se curassem.

Para mim, como filho de um sobrevivente, o que, em última análise, é mais significativo sobre o Holocausto é o fato de termos sobrevivido, não como vítimas, mas como vencedores. Somos um povo com longa prática em resistência. Sobrevivemos aos impérios que tentaram nos destruir – remontando ao antigo Egito, à Babilônia e a Roma. Mas em nossa longa e improvável história, nada se compara à ressurreição dos judeus no século XX. É como se tudo o que aconteceu antes fosse mero prelúdio, prática para o momento em que os judeus tiveram que escolher entre continuidade e extinção.

Meu pai sobreviveu à guerra escondendo-se em um buraco na floresta. Quando os judeus de sua cidade foram levados ao gueto, o último estágio antes da deportação para Auschwitz, ele fugiu com dois amigos. Um guarda da floresta, que havia trabalhado para o meu avô, proprietário de vinhedos, ocasionalmente trazia comida para os três jovens.

Em 1945, quando a guerra acabou, meu pai voltou para casa e encontrou uma terra devastada. Junto com os poucos jovens judeus que começaram a voltar dos campos de extermínio, ele passou aquelas primeiras semanas de liberdade bebendo. E então, um dia, despertou do torpor. Ele me disse que seus pais, que haviam sido mortos em Auschwitz, se lhe apareceram – meio em sonho, meio em visão – e ele interpretou seu olhar severo como uma reprimenda contra a autopiedade.

Não sou o filho da destruição, mas sim do renascimento. E por isso, neste dia, penso não só no fato de ter o nome do meu avô, que morreu em uma câmara de gás, mas que meu filho leva o nome do avô dele – meu pai – que sobreviveu.

Fico em permanente assombro no que diz respeito ao Holocausto. A industrialização do assassinato em massa. A criação de fábricas para produzir cadáveres (o ponto final da modernidade desprovida de alma). O meticuloso planejamento pelo governo e pelos burocratas empresariais. (Qual gás será mais eficiente? Qual é o melhor sistema de entrega?) Os artifícios elaborados para acalmar as vítimas sobre sua destinação final. Essa não foi uma explosão de ódio ou de vingança, não um mero *pogrom*, mas o supremo crime premeditado, um crime de fria indiferença. E prosseguiu, sem que nada o impedisse, por quase seis anos.

Às vezes me pego pensando inconscientemente: isso realmente aconteceu? Poderia ter acontecido? Minha perplexidade me surpreende; afinal, tenho lutado com essa história toda a minha vida. Nesses momentos, percebo que uma parte de mim permanece inconsolável, ainda atordoada pelo conhecimento envenenado que adquiri quando criança sobre a obsessão sobrenatural do ódio aos judeus, sobre a capacidade de autoaniquilação da humanidade.

E, no entanto, estou mais profundamente espantado com a capacidade dos sobreviventes – como indivíduos, como um povo – de rastejar para fora do abismo e reconstruir. E não apenas reconstruir, mas transcender: a criação de Israel, o maior sonho judaico, seguindo imediatamente o maior pesadelo judaico. Acredito que no futuro os judeus comemorarão nosso retorno para casa do jeito que comemoramos hoje o antigo êxodo do Egito, exceto que talvez com maior reverência.

E assim, vizinho, nossa comemoração anual do Holocausto não tem a ver com o apego à vitimização, mas o oposto: reafirmar o compromisso israelense de nunca mais sermos vítimas. Isso está no cerne do *ethos* israelense.

Os fundadores do sionismo não culparam os antissemitas pela condição judaica; eles culparam os judeus. Sem sentimentalismo, os primeiros sionistas olharam as falhas no caráter judaico, desenvolvidas ao longo de séculos de desabrigo e insegurança, e começaram a transformação do seu povo. Ressentiam-se dos judeus como intermediários econômicos? Faça-os trabalhar a terra. Os judeus eram ameaçados fisicamente? Ensine-os a se protegerem. Não importa o que os gentios dizem, alertava Ben-Gurion, mas o que os judeus fazem.

O mais amado poeta sionista, Haim Nahman Bialik, ganhou destaque quando jovem com um poema que escreveu em 1903, "Na Cidade da Matança", um uivo de raiva sobre um *pogrom* acontecido naquele mesmo ano na Rússia czarista. A raiva de Bialik era dirigida não contra os assassinos, mas contra as vítimas, a quem ele culpava de passividade. É difícil imaginar um poeta nacional escrevendo palavras mais amargas ao seu povo do que o escárnio do jovem Bialik: "Para o cemitério, mendigos! E desenterrai os ossos de vossos pais / e os ossos de vossos sagrados irmãos e enchei vossos sacos / e os carregai em vossos ombros e iniciai vossa jornada / e os exibi em todas as feiras [...] / e implorai pela piedade das nações e rezai pela misericórdia dos gentios".

Essa aversão à vitimização é uma das razões-chave para a existência de Israel e por seu sucesso contínuo. Diante da implacável e às vezes esmagadora ameaça, os israelenses mantêm a falsa aparência da vida cotidiana. Uma manhã, recentemente, um terrorista esfaqueou uma pessoa na estação do VLT [veículo leve sobre trilhos] perto da minha casa. Cerca de uma hora mais tarde, fui até a estação esperando ver polícia, ambulâncias, multidões agitadas. Nada: o sangue já tinha sido lavado da calçada e as pessoas estavam esperando o próximo trem.

Vivo entre heróis que não se consideram absolutamente heróis. Minha vizinha Aliza veio a Israel do Curdistão quando criança, pouco antes da criação do Estado; sua mãe, viúva, decidiu criar os filhos em Jerusalém, à qual chegaram depois de semanas de viagem sobre lombo de burro pelo Iraque, Síria e Líbano, famintos e esfarrapados, mas em casa. Ou minha amiga Shula, que tinha 12 anos quando sua família começou a caminhar de sua aldeia etíope em direção a Sião, e que por semanas carregou seu irmãozinho nas costas. Ou meu amigo Alex, que ficou em um *gulag** por organizar aulas em hebraico, uma língua considerada ilegal na União Soviética. Como um judeu americano no passado, estou entre os mais privilegiados dos israelenses, marcado com cicatrizes causadas principalmente por memórias herdadas. Vim a Israel para estar entre aqueles que se recusavam a serem derrotados pela história.

Para mim, a personificação do caráter israelense é de um jovem que conheci há muitos anos chamado Hemi, pai de uma amiga da minha filha no ensino fundamental. Hemi havia sido baleado na medula espinhal em um acidente de treinamento do exército. Casou-se com sua enfermeira e, em sua cadeira de rodas, tornou-se um esportista radical. E então ajudou a criar uma organização para incentivar deficientes israelenses a praticar esportes radicais.

Não é que não paguemos um preço alto por viver em situações extremas. O caráter israelense pode ser nervoso, agressivo; minha esposa, Sarah, que cresceu na refinada Connecticut, chama Israel de capital do estresse pós-traumático do mundo. Fazemos ultrapassagens indevidas nas

---

* N. T.: Sistema de campos de concentração da antiga União Soviética para prisioneiros políticos.

rodovias e furamos filas. Nossa política pode ser brutal, cada lado denunciando o outro como inimigo de Israel. Há crescente violência em nossas escolas. A corrupção política está aumentando. Vivemos com camadas acumuladas de traumas não resolvidos – onda após onda de imigrantes chegando a um país que enfrenta a constante ameaça de terrorismo e de ataques de mísseis e, a cada poucos anos, de guerra aberta.

Uma sociedade menos resiliente quase certamente teria rachado sob a tensão. Mas um povo que pode surgir de sua própria sepultura mais vitalizado do que em quase qualquer período de sua história é um povo que pode lidar com qualquer coisa.

Há um lado obscuro na memória do Holocausto, contra o qual o presidente Rivlin estava alertando, e eu o conheço muito bem. É o medo – que o povo judeu sente de voltar a se encontrar sozinho no mundo como estávamos na década de 1940, quando os únicos que pareciam interessados na sina dos judeus eram seus assassinos; de que nunca possamos escapar de ser o Outro permanente.

Ao longo dos anos, tentei me libertar daqueles pesadelos do Holocausto. Cheguei ao ponto de parar de assistir filmes e ler sobre o Holocausto. (Sarah diz que sou como um viciado que precisa evitar a tentação.) Fico me lembrando continuamente: acabou.

Mas os temores continuam voltando. E o que incita esses temores, acima de tudo, é a guerra contra a existência e a legitimidade de Israel.

Dois elementos foram essenciais na preparação do caminho para o Holocausto. O primeiro foi a criminalização da existência judaica. Embora os nazistas saqueassem os judeus – até cadáveres tiveram seu cabelo e seus dentes de ouro removidos –, a guerra contra os judeus não tinha como intuito principal qualquer ganho tangível. O objetivo do Holocausto foi o próprio Holocausto. Perto do final da guerra, quando a Alemanha estava prestes a perder, os nazistas desviaram homens e trens da frente de batalha a fim de acelerar o transporte de judeus para os campos de extermínio, preocupados que alguns pudessem sobreviver. Ao agir com tal propósito obstinado, mesmo contra seus próprios interesses, os nazistas foram motivados por um senso quase messiânico de missão destinada a libertar a humanidade de sua maior ameaça, os judeus. Se o crime era a existência, então a única punição possível era a morte.

O segundo elemento que tornou possível o Holocausto é a peculiaridade do antissemitismo, que não é um mero ódio aos judeus, mas sua transformação em símbolo – de qualquer coisa que uma dada civilização considere as qualidades humanas mais repugnantes. E assim, para o cristianismo pré-contemporâneo, o judeu havia sido o assassino de Cristo. Para o comunismo soviético, o judeu era capitalista. Para o nazismo, o judeu era um poluidor racial.

Esse padrão tem sido encenado em nosso conflito. A crítica às políticas israelenses, é claro, não é antissemita, e não conheço nenhum israelense sério que pense que seja. (Podemos ser nossos próprios críticos mais vociferantes.) No entanto, negar o direito de existência de Israel, transformar o Estado judeu no criminoso do mundo e tentar isolá-lo da comunidade das nações – tudo isso se encaixa no clássico padrão antissemita. Quando os líderes palestinos chamam a criação de Israel de um dos grandes crimes da história e se referem aos "70 anos da ocupação" que começou com seu nascimento; quando os manifestantes pró-palestinos ao redor do mundo cantam: "Do rio ao mar, a Palestina será livre", com a clara mensagem de que não há lugar para um Estado judeu – então os termos do conflito não têm a ver com políticas, mas com existência. Israel não é apenas acusado de cometer crimes; ele é um crime. Dali o próximo passo é inevitável: na era dos direitos humanos, quando a comunidade internacional vê o racismo como o pior de todos os pecados, o Estado judeu se transforma no símbolo do racismo, arquiviolador dos direitos humanos. Quando a ONU vota rotineiramente para criticar Israel mais do que a todos os outros países em conjunto, isso reforça a noção do Estado judeu como singularmente mau.

De maneiras diferentes, vizinho, os resultados para nós dois são devastadores. A guerra contra a existência de Israel tem despertado velhos demônios sob uma nova forma. Quando os piores temores judaicos são incitados, o seu sofrimento, vizinho, se torna para nós não uma tragédia a ser reparada, mas uma ameaça a ser rejeitada. Em vez de fazer com que os israelenses enfrentem as consequências da ocupação, ocorre o inverso. Escanteados, não reagimos com flexibilidade ou arrependimento; passamos ao modo de sobrevivência. A guerra contra a legitimidade de Israel reforça nossa obtusidade. Se a crítica anti-Israel é tão estridente, nos absolvemos da necessidade de levar qualquer crítica a sério. Para um povo que se orgulha de seu código ético milenar, que acredita na penitência e no autoexame, essa é uma crise espiritual.

Há uma boa razão para que eu fique no modo de sobrevivência. Quando olho ao redor de minhas fronteiras, vejo o Hezbollah no Norte, o Hamas no Sul, a Guarda Revolucionária Islâmica do Irã nas Colinas do Golã – todos apaixonadamente comprometidos com a minha destruição. Os líderes iranianos prometem que Israel deixará de existir em questão de décadas; nos mísseis iranianos está pintado o *slogan* MORTE A ISRAEL. O protegido do Irã, o líder do Hezbollah Hassan Nasrallah, sarcasticamente convidou judeus de todo o mundo a se mudarem para Israel, porque assim seria mais fácil matá-los todos de uma vez se estivessem concentrados em um só lugar. Uma lição que judeus aprenderam com o Holocausto é: quando seu inimigo diz que pretende destruir você, acredite nele.

E então eu tenho uma tela dividida na minha cabeça: de lado está Israel contra os palestinos, eu sou Golias e você é Davi; do outro lado da tela está Israel *versus* os mundos árabe e muçulmano, e eu sou Davi.

Talvez, de maneiras diferentes, israelenses e palestinos precisem se libertar uns aos outros.

Na primavera de 2004, quando a Segunda Intifada estava terminando, participei de uma peregrinação conjunta a Auschwitz em um grupo composto por israelenses árabes – cidadãos palestinos de Israel – e por israelenses judeus. A iniciativa veio do lado árabe: um sacerdote melquita de Nazaré, Abuna Emile Shoufani, juntamente com um grupo de importantes membros muçulmanos e cristãos da comunidade israelense palestina, que estava procurando alguma forma de romper o crescente distanciamento entre árabes e judeus dentro de Israel.

Eu estava cético: meus traumas como israelense, eu dizia, estavam enraizados no Oriente Médio, não na Europa – em ônibus explodidos, não em Auschwitz. Ainda assim, se os palestinos estavam dispostos a correr o risco emocional de se abrir ao trauma judaico, senti-me obrigado a atender.

Cerca de 300 árabes e judeus partiram juntos. Porventura já houve uma peregrinação mais estranha para Auschwitz? No ônibus que nos conduzia ao local uma mulher árabe pegou o microfone: "Eu vim", disse ela, "porque temo a raiva que está me corroendo." Talvez seja por isso que eu vim também: não para salvar o Oriente Médio, mas a mim mesmo.

As tensões eram inevitáveis: os palestinos estavam receosos de que o Holocausto esmagasse sua tragédia, os judeus estavam receosos das comparações entre a Nakba e Auschwitz, de admitir palestinos em nosso trauma mais profundo. Uma participante árabe confessou que um amigo a advertira: "Você perderá seu *status* de vítima indo para Auschwitz." Um participante judeu confessou que um amigo o advertira: "Você está entregando nossa história ao ir para Auschwitz com os árabes."

Mas, quando ficamos juntos diante dos crematórios, nos abraçamos e choramos. Ali, o chefe do movimento dos escoteiros árabes, agarrou meu braço: "É mais fácil ou mais difícil lidar com o passado vindo aqui?", ele perguntou com ternura. Sobreviventes idosos e jovens árabes caminhando de mãos dadas. Nós éramos peregrinos ao destroçamento, uma esperança de humanidade compartilhada no lugar além da esperança.

Essa foi a visão de Abuna Shoufani: que a própria irracionalidade de nossa jornada, a suspensão da suspeita mútua justificada, criaria um espaço para que Deus trabalhasse – que é, afinal, como os milagres podem acontecer. Todos nós o chamávamos de "Abuna", pai – muçulmanos e judeus: naquela jornada, ele foi nosso pai. Um cristão com o coração aberto para ambos os lados conseguiu reunir muçulmanos e judeus em Auschwitz.

O resultado de termos assumido aquele risco foi uma troca de sensibilidades. Os judeus reconheceram que Auschwitz não é somente uma ferida judaica, mas universal, enquanto nossos parceiros árabes descobriram em si mesmos a raiva judaica. Onde estava o mundo?, eles clamaram.

Conversamos em hebraico; ainda que desconfortavelmente, éramos, afinal, compatriotas israelenses. Uma mulher árabe mais velha, dirigindo-se aos judeus do grupo, disse: "Desde o momento em que conheci os judeus, amei vocês; mas vocês pareciam não querer que eu os amasse". Foi um momento doloroso de tomada de consciência: é dessa forma que a insularidade judaica pode ser experimentada por estranhos.

Uma das intenções implícitas de Abuna era desafiar a "negação do Holocausto" difundida na sociedade palestina e em todo o mundo muçulmano. Considero a negação do Holocausto uma afirmação tortuosa da singularidade do Holocausto, da sua impossibilidade literal. No Ocidente, a negação do Holocausto é a moeda dos malucos; no mundo muçulmano, do Egito ao Irã, sua mensagem é transmitida pela televisão estatal. A atitude com relação ao Holocausto em partes do mundo muçulmano poderia ser resumida, apenas meio ironicamente, da seguinte forma: ele nunca aconteceu, estamos felizes que tenha acontecido, e iremos fazê-lo novamente.

Era evidente mesmo em nosso próprio grupo o quão profundamente o veneno havia penetrado. Durante uma de nossas sessões noturnas de trabalho, um participante árabe disse: "Eu sempre acreditei que os judeus estavam exagerando sobre o Holocausto. Pensei que havia sido uma tragédia, mas pessoas inocentes sempre morrem na guerra. Porém agora..."

Nossos parceiros palestinos na peregrinação a Auschwitz estavam nos dizendo: não estamos em guerra com a existência judaica. Não ficaremos ao lado, mesmo que indiretamente, daqueles que tentaram eliminar vocês da história. Estamos prontos a ouvir sua história, viver juntos como vizinhos. Contudo, precisamos que vocês nos vejam também; precisamos que vocês ouçam a nossa história e a nossa dor. Sem recorrer a comparações históricas tolas e desnecessárias. Cada lado com sua ferida.

Abuna estava tentando nos ajudar a ver uns nos outros a face da humanidade sofredora. Ele estava nos oferecendo uma maneira de libertarmos nas aos outros.

No final, foi importante que árabes e judeus tivessem ido a Auschwitz? Além dos participantes, quem ainda se lembra?

Abuna me ensinou a acreditar que qualquer iniciativa espiritual, feita com pureza de intenção, pode ter consequências não premeditadas. Muçulmanos e judeus – em meio a uma intifada – realmente fizeram isso juntos. Aquele gesto de boa vontade radical, aquele desafio do senso comum político, agora faz parte da história dos árabes e judeus nesta terra. E, ao escrever a você agora, repasso essa memória do possível.

CARTA 10

Uma tenda à beira do deserto

Caro vizinho,

É o feriado de Sucot, o festival das tendas, quando os judeus constroem tendas temporárias como extensões de nossas casas. O feriado lembra a jornada dos israelitas pelo deserto a caminho desta terra, e as *sucot* evocam as estruturas que os abrigavam em suas perambulações. Durante uma semana inteira, a *sucá* se transforma em uma casa substituta, na qual comemos, hospedamos amigos, estudamos a Torá e às vezes até dormimos.

Minha família constrói sua *sucá* na nossa varanda, de frente para a sua colina. Talvez você possa ver, da sua casa, a estrutura frágil: estacas que suportam um telhado de galhos de palmeiras assentados em ripas de madeira, com paredes de pano estampado.

A lateral da nossa *sucá* voltada para a sua colina é deixada inteiramente aberta. E assim, ao longo da semana, eu convivo com uma sensação de maior intimidade entre nossas colinas. De manhã, ouço os gritos de crianças palestinas brincando no pátio da escola. Posso ver claramente os novos edifícios de apartamentos que se elevam acima do muro, construídos para desafiar a restrição, mas que na sua maioria estão vazios. O chamado à oração parece vir de dentro da *sucá*. O deserto logo além de sua colina se estende como nosso quintal compartilhado.

A *sucá* é um lembrete de fragilidade, de transitoriedade. Contudo, deixar o conforto de sua casa no feriado implica também uma confiança na natureza benigna do mundo, na proteção Divina. E assim, na imaginação judaica, a *sucá* é um símbolo de um mundo redimido, em que os seres humanos terão aprendido a viver em paz uns com os outros. Estende sobre nós o tabernáculo de Tua paz, oramos.

Cada família decora sua *sucá* de uma forma distinta, refletindo sua compreensão da identidade e das aspirações judaicas. As *sucot* dos ultraortodoxos costumam ter fotografias ou desenhos de rabinos proeminentes; outros decoram suas *sucot* com símbolos de colheita.

A *sucá* de nossa família reflete o tema da unidade humana. No antigo Templo, os sacerdotes em Sucot ofereciam sacrifícios pelo bem-estar das nações. Então, Sarah e eu trazemos algumas das tradições sagradas para o nosso lar temporário. Pendurado de seu telhado de madeira há um arco de bandeiras de oração tibetanas que nossa filha Moriah trouxe para casa do Himalaia – junto com bandeiras tibetanas nas quais está impressa uma oração hebraica para o bem-estar da humanidade. Um elefante decorado, símbolo hindu da energia primordial da criação, pende de um fio, ao lado de um *shofar*, ou chifre de carneiro, um chamado judaico ao despertar espiritual. E na parede que conecta meu estúdio à *sucá* está pendurada uma placa de cerâmica com um dos mais amados versículos do Alcorão: "O Seu Trono abrange os céus e a terra, cuja preservação não O abate." Todos reforçam a mesma mensagem de um mundo em harmonia consigo mesmo e com seu Criador.

E, no entanto, sentado na minha *sucá*, às vezes me sinto mais exposto do que protegido. Da minha varanda, vejo claramente três entidades políticas distintas. O território soberano do Estado de Israel termina no muro. À distância está a Autoridade Palestina. E, mais distante ainda, as colinas da Jordânia.

Um pouco além do meu campo de visão está um Oriente Médio em ruínas. A Síria é um cemitério, o Iraque está se autodevorando, um louco ditador na Turquia está destruindo a elite de seu país, os iemenitas estão morrendo de fome... Que futuro, vizinho, nossos dois povos podem criar aqui?

É uma manhã clara e fresca de outubro. As nuvens estão se formando, um alívio depois de seis meses sem chuva. Estou sentado sobre um travesseiro no chão da *sucá*, cercado pelas plantas de Sarah – tomilho e hissopo, romã e mudas de oliveiras. Em uma mão seguro um ramo de palmeira, ladeado por ramos de salgueiro e murta; na outra, uma cidra, cujo aroma doce e pungente parece preencher a *sucá*. A Bíblia instrui os judeus a reunir essas "quatro espécies" para esta época de colheita. Em nossas orações, acenamos nas quatro direções e depois em direção ao Céu e à Terra, abençoando a terra e seus habitantes.

Os rabinos oferecem interpretações simbólicas de cada uma das quatro espécies – é dito que a cidra, por exemplo, representa o coração; a palmeira, a coluna. Entretanto, tais explicações, por mais poéticas que sejam, não vêm ao caso. O que me importa nesse momento é que esses são os frutos da terra por meio dos quais os judeus, por milênios, têm procurado transmitir bênçãos. O ritual parece ainda mais antigo do que a Bíblia, remanescente talvez de uma tradição xamânica. Aprecio a maneira como ele me transforma em alguém arcaico, um contemporâneo do passado. É a mesma experiência que tenho toda sexta-feira à noite, quando me retiro do tempo secular para o sábado, suspendendo o uso do computador, do celular e do carro, tornando-me temporariamente pré-moderno.

A cabeça coberta com o xale de oração, aponto a fronde da palmeira, lentamente, no sentido horário, abrangendo o Oriente Médio. Rezo pelos povos destruídos ao redor de mim, mas acima de tudo rezo por nós, pelo seu povo e pelo meu. *Ana Adonai hoshiya na*: Por favor, Deus, salva-nos.

O mundo está queimando, vizinho. Não só o nosso torturado canto do planeta; em todos os lugares o desespero está aumentando. Nossa geração possui um conhecimento terrível: sabemos que a humanidade pode destruir a si mesma. Guerra nuclear? Devastação ambiental? Parece que estamos apenas gradualmente absorvendo a terrível diferença entre este e todos os outros tempos que nos precederam. Talvez seríamos incapazes de passar por nossas rotinas diárias se reconhecêssemos plenamente a natureza da ameaça, assim como precisamos de algum filtro para evitar uma constante reflexão sobre a nossa própria mortalidade.

E, no entanto, este é também um momento em que se pode imaginar a humanidade transcendendo a si mesma. Com nossas conquistas científicas e tecnológicas, podemos conceber um fim à fome e à doença. O mundo está em comunicação instantânea com a maior parte de si mesmo, uma espécie de telepatia. Quando um desastre natural atinge um país, outros imediatamente respondem – uma realidade inteiramente nova.

Quando os filhos de Israel entraram nesta terra, Josué dividiu as 12 tribos em dois grupos. Seis tribos subiram ao monte Gerizim, o "monte da bênção", e seis subiram ao monte Ebal, o "monte da maldição". No vale abaixo, os sacerdotes proclamavam os imperativos morais da Torá. Voltando-se para as tribos no monte Gerizim, os sacerdotes declararam: "O cumprimento dessas leis trará bênçãos". O povo respondeu: "Amém". Voltando-se para as tribos no monte Ebal, os sacerdotes declararam: "A violação dessas leis trará maldições". E mais uma vez o povo respondeu: "Amém".

A cerimônia marcou o momento em que um povo destinado a ser consagrado entrou em uma terra destinada a ser sagrada. E a mensagem era: Escolha a bênção. Escolha a vida.

Parece-me, vizinho, que toda a humanidade está agora postada sobre aquelas duas montanhas.

A natureza desesperada de nosso tempo pós-moderno intensifica meu sentimento de responsabilidade como portador de uma história antiga. O que significa para a humanidade o fato de os judeus terem mantido uma identidade central e uma memória consistente ao longo de 4 mil anos? Que sabedoria o meu povo, os sobreviventes definitivos da história, precisa oferecer agora?

Desde os tempos bíblicos, os judeus têm acreditado que estávamos destinados a ser uma bênção para a humanidade. O que aquele senso de *self* exige de nós em nosso relacionamento com você? Que iniciativas devo tomar a fim de tentar que nos aproximemos da paz mais uma vez, não obstante todas as probabilidades? Esse é o desafio de Sucot para mim como um judeu que vive em Jerusalém.

O próprio ato de construir e habitar a *sucá* é uma expressão de desafio contra o desespero. Essa estrutura aberta e vulnerável é a antítese do cômodo de concreto fortificado no meu porão, que toda família israelense é obrigada por lei a construir, contra possíveis ataques de mísseis. Vivemos com essa ameaça como uma realidade constante. Mas a *sucá* é nosso abrigo antiaéreo espiritual, a promessa de um mundo sem medo.

Nestas cartas, vizinho, tentei transmitir a você algo do porquê ser judeu e israelense é tão importante para mim, por que extraio tanta força da intensidade desses compromissos.

Contudo, tento me lembrar que, no final, junto com nossas personalidades e realizações, a alma deixará todas as nossas identidades mortais para trás. Enquanto caminhamos nesta terra, honramos essas identidades e lealdades. Entretanto, ser uma pessoa religiosa também exige que se mantenha alguma relação com nossas almas, para o núcleo do nosso ser, que é indiferente a todas as identidades que prezamos. Podemos recorrer às nossas almas, vizinho, para nos ajudar a superar nossas feridas e nossos medos? Qual é a nossa responsabilidade como pessoas religiosas em uma terra santificada pelo amor e pela devoção e pelas expectativas de miríades de almas através dos séculos? Qual é a nossa responsabilidade como "guardiões" de um dos conflitos mais intratáveis da humanidade, no momento mais perigoso da história?

São pouco mais de 4 horas da manhã. Mais uma noite sem dormir. Meus pesadelos vêm a mim quando estou acordado.

E aqui, de repente, está o muezim, como um velho amigo, preenchendo o espaço entre nossas colinas com a oração antes do amanhecer. Quero agradecer a ele pelo presente do seu chamado, que me acompanha nas noites agitadas.

E assim, querido vizinho, termino estas cartas como comecei: orando para que nos encontremos. Agora passamos algum tempo juntos em espírito, mas espero hospedá-lo um dia em minha casa – na minha *sucá*. *BeEzrat Hashem*. Com a ajuda de Deus. *Inshallah*.

EPÍLOGO

Cartas de palestinos a seu vizinho israelense

Caro leitor,

O que se segue é uma seleção das respostas escritas a este livro que tenho recebido de palestinos e outros em todo o Oriente Médio. Essas cartas expressam, por sua vez, raiva profunda, boa vontade e desacordo apaixonado, mas respeitoso. Uma jovem de Gaza postou na minha página do Facebook: "Estou lendo seu livro porque espero que ele me dê esperança".

Inevitavelmente, recebi minha cota de mensagens de ódio: os judeus não têm história nesta terra, o exército de Maomé está voltando para abatê-lo. Essas mensagens curtas soam mais ou menos iguais. Muito mais interessantes são os longos e-mails que tenho recebido dos palestinos. Esses missivistas são obviamente um grupo autosseletivo – disposto a se envolver não só com um israelense, mas, ainda que criticamente, também com a narrativa sionista. Não tenho ideia de quão difundidas são suas atitudes entre os palestinos e tenho cautela em chegar a conclusões de longo alcance. Para mim, a importância dessas cartas é simplesmente a seguinte: parti em busca de parceiros com quem eu poderia modelar um argumento respeitoso sobre as nossas narrativas concorrentes. Esses parceiros existem.

Como israelense, a leitura dessas cartas não é fácil para mim. No entanto, cada resposta me deu outro *insight* acerca da complexidade da nossa situação.

Dada a profunda amargura desse conflito, resolvi tratar qualquer resposta que não seja odiosa como uma abertura, ainda que tênue, para a conversa. Minha esposa, Sarah, chama este livro de uma carta em uma garrafa jogada por cima do muro. Eu inicialmente escrevi para um palestino anônimo, na esperança de que, por meio deste livro, nosso anonimato mútuo terminaria. Esse processo começou e agora conheço os nomes e rostos e as histórias de alguns dos meus vizinhos.

Alguns dos palestinos que me escreveram pediram anonimato, preocupados que qualquer envolvimento com israelenses – inclusive um engajamento crítico – possa comprometer seu lugar em sua sociedade. Isso também faz parte desta história.

Além das cartas, três grupos de jovens palestinos, de Jerusalém e da Margem Ocidental, criaram círculos de estudo para ler e discutir este livro. Junto com amigos, estou trabalhando para intensificar tais esforços.

As cartas que seguem foram escritas principalmente por palestinos, embora eu tenha incluído outras cartas escritas por pessoas diversas da região. Respondi a cada missivista e, em alguns casos, isso resultou em uma correspondência contínua. No âmbito dessas trocas, tenho argumentado a narrativa que constitui a base deste livro e discutido aspectos da narrativa palestina expressa nas cartas que seguem. Mas não incluí minhas respostas aqui. Em vez disso, pareceu-me certo honrar o espírito generoso desses missivistas terminando o livro com suas palavras.

E assim o *Cartas* evoluiu para seu próximo estágio: um documento de duas narrativas. Minha esperança é que este livro ofereça um novo discurso para que palestinos e israelenses possam navegar em suas narrativas concorrentes e talvez irreconciliáveis – não por um debate de soma zero, em que cada lado tenta expor as falhas do outro, mas através de discussão e escuta. Não para convencer o outro, mas permitir que cada lado compreenda como o outro entende e vivencia o conflito.

Estou profundamente grato aos palestinos que responderam ao convite deste livro, a fim de servir de modelo para uma conversa sobre nossos profundos desacordos. Estou ansioso para darmos continuidade, juntos, a esse experimento difícil e necessário.

Y.K.H.

Caro futuro vizinho,

Eu chamo você de "futuro vizinho" porque ainda não somos vizinhos. Vizinhos vivem em igualdade. Vizinhos têm direitos e deveres compartilhados. Vizinhos compartilham momentos de alegria e apoiam uns aos outros em tempos de aflição.

CARTAS AO MEU VIZINHO PALESTINO

Enquanto Israel continuar a manter a mim e ao meu povo sob ocupação, não podemos ser vizinhos. Mas eu quero ser seu vizinho, e espero que um dia sejamos. E assim escrevo a você agora, meu futuro vizinho.

Deixe-me contar-lhe algo sobre mim. Sou muçulmano, árabe, palestino criado em um campo de refugiados. Mas minha família é rica quando se trata de cuidado e compaixão. Cresci na bela terra da Palestina. Cresci amando minha identidade, minha história e minha cultura. Ainda posso ouvir o eco das histórias do meu avô sobre a glória das oliveiras em sua casa, da qual ele teve que fugir em 1948. Meu avô plantou uma semente de amor pelo meu país que se converteu em uma árvore forte em meu coração.

Quando meu avô se tornou um refugiado, era recém-casado. Ele saiu com a esposa grávida, minha avó, que deu à luz seu filho primogênito em uma gruta fora de Belém. Sim, como Jesus. Meu avô constantemente me lembrava do lar que havia abandonado, da aldeia em que cresceu, da chave com que fechou sua casa quando dela saiu pela última vez.

Enquanto crescia, muitas vezes me perguntava: O que o meu avô quer que eu faça com a chave dele? Ele quer que eu lute por ela? Ele tinha uma reivindicação moral que a Assembleia Geral da ONU reconheceu na Resolução 194. Tenho que morrer por causa dessa reivindicação? Qual é a minha responsabilidade moral e a ação que preciso tomar para honrar minha história?

Por um lado, não posso rejeitar a história do meu avô. É minha herança. Meço minha vida de acordo com os valores que aprendi com minha família, em nossa experiência como refugiados. Mas também tenho a responsabilidade moral de construir um futuro melhor. O que faço com "o direito de retorno"? Eu poderia dizer que a reivindicação da minha família é a única história legítima nesse conflito. Que ninguém mais tem uma reivindicação exceto eu, e devo lutar contra qualquer outra, estar disposto a matar e a morrer pela minha reivindicação exclusiva à justiça.

Sou jovem o suficiente para sonhar e acreditar que a paz é possível e o medo pode ser superado. Sou também velho o suficiente para ter minhas próprias experiências terríveis de viver em um campo de refugiados sob ocupação.

Para meu avô, o direito de retorno ao que é agora o Estado de Israel era a única solução para o problema dos refugiados palestinos. Para mim, a questão é mais complicada. Preciso honrar a história do meu avô, porém ainda sou dono do meu futuro. Devo separar o passado dele, o meu passado, do futuro. Separar o "direito" do "retorno".

Quero que o mundo inteiro, inclusive os israelenses, honre a história do meu avô e sua reivindicação legítima a toda a terra histórica da Palestina. Ao mesmo tempo, nós, palestinos, precisamos transigir no que diz respeito ao retorno, a fim de criar espaço para dois países. Para sermos vizinhos.

Existem apenas duas opções. Viver no passado e morrer lutando por sua reivindicação, ou viver para um futuro esperançoso, construindo meu Estado ao lado do seu.

Assim como espero que você ouça minha história, devo estar disposto a ouvir a sua. A história palestina é preciosa, mas a história judaica também. Como você escreve em seu livro, você também acredita que toda a terra pertence ao seu povo. Nossas reivindicações conflitantes ao mesmo pedaço de terra não nos deixam escolha a não ser uma transigência.

Por muito tempo, resisti a aceitar que os judeus fossem um povo real. Eu perguntava a mim mesmo: como podem os judeus, depois 4 mil anos de cores diferentes, de diferentes origens, falando línguas diferentes, ainda insistir na ideia de serem um povo? Isso não fazia sentido para mim. Minha experiência sob a ocupação, com postos de controle e assentamentos e uma dose diária de medo, jamais permitiu que eu pensasse seriamente no seu povo e na sua história.

Enquanto crescia, a minha mídia, o meu sistema educacional e até mesmo o grafite das paredes dos campos de refugiados me lembravam constantemente que a ideia da existência de um povo judeu é a maior contradição à minha história. Que aceitar qualquer parte de sua história não é uma transigência, mas a negação e a destruição da minha história.

Entretanto, nos últimos anos, decidi usar a chave que meu avô me deixou para destrancar um final pacífico para nosso conflito. Decidi parar de apontar o dedo e tentar genuinamente entender a sua história. Conheci israelenses e criei relacionamentos significativos com amigos judeus. Depois de participar de feriados judaicos e jantares de Shabat, ficou claro para mim que o povo judeu é a pedra angular das tradições, da cultura, da memória coletiva e da identidade judaicas. Negar aos judeus seu direito de se definir como povo não é uma tática política; é um ataque ao coração da identidade judaica.

Suas cartas são genuínas e honestas. Obrigado por se abrir aos seus leitores e solicitar uma resposta de seus futuros vizinhos palestinos. Nunca pensei que escreveria isso para você, mas sua amizade e seu interesse genuíno pela minha história me fizeram superar meus medos e compartilhar mais honestamente os meus pensamentos.

A aceitação palestina do judeu como povo não é algo a ser exigido ou ganho por meio do processo político. Pelo contrário, é algo que pode ser mais bem assegurado pela amizade e pela conexão.

Cada vez que o primeiro-ministro israelense exige o reconhecimento do Estado judeu sem nenhum reconhecimento de nossa própria identidade nacional palestina enquanto povo, ele só aumenta a fissura entre nós. Apenas vozes genuínas como a sua ajudarão os palestinos a reconhecerem os judeus como povo.

Ambos temos reivindicações legítimas. Eu entendo que, para os judeus, a Margem Ocidental e Gaza fazem parte da terra de Israel, enquanto para o meu povo, a Palestina pré-1948 está gravada com a nossa cultura e história.

A abordagem histórica única, que deixa espaço apenas para uma narrativa, apenas uma verdade, é muito perigosa. Como você mesmo diz, esse conflito é entre certo e certo. O mundo inteiro, incluindo os palestinos, deve reconhecer a identidade religiosa, política e de povo dos judeus e sua reivindicação à terra de Israel. Mas o povo judeu precisa diferenciar entre a terra de Israel e o Estado de Israel. Ambos os lados devem abrir espaço para um debate difícil e honesto.

Obrigado por escrever um livro que nos ajuda a ter esse debate.

Assinado,

Seu futuro vizinho

O autor, que tem sido ativo nos esforços para impulsionar a economia palestina, pede anonimato.

Prezado Yossi,

Muito obrigado pelo livro e pela gentil nota manuscrita. Já li o livro três vezes. Uma vez com meu chapéu palestino, uma vez com meu chapéu de tentativa de empatia, e agora como um novato crítico de livros, e acho que a minha reação a ele está também repleta de dualidade.

Há uma profunda concordância com grande parte dele. É claro que os israelenses devem contar suas próprias histórias: eu mesmo insisto nisso quando os israelenses me dizem que eu sou libanês, não *"fakestinian"** – "Que tal eu te dizer quem eu sou e você perguntar por que isso acontece?" Israel é tão legítimo quanto qualquer outro país. (Mas em sua forma atual inflige brutalidade e *apartheid* em outro país e há a confusão com a sua legitimidade. O *apartheid* da África do Sul era legítimo? O Tibete é legitimamente parte da China? Neste momento, até que se faça a paz e se redefinam suas fronteiras, só é legítimo dentro das fronteiras de 1967 e, mais importante, apenas em Jerusalém Ocidental.) É extremamente necessário que compartilhemos nossas histórias, porém ainda mais crucial que ouçamos com empatia as histórias um do outro. Acredito totalmente nisso. Do mesmo modo, acredito totalmente em me opor a Israel e isolá-lo tanto quanto eu puder. Bem mais, bem mais do que qualquer outra coisa – quero que a dor termine. Mas minha opinião é que Israel, em sua atual forma de *apartheid*, nunca irá se retirar e parar de disseminar a dor.

Eu me detive sobre os significados e as emoções relacionados às festividades judaicas que você descreveu em seu livro, e saboreei a tristeza, o orgulho e a determinação. Lamentei suas perdas e comemorei a sua inteireza. Gostei de suas histórias pessoais, do estilo de escrita que você usa, e, no mínimo, você tocou em alguns dos aspectos menos atraentes de sua sociedade. Meu coração doeu com a descrição da viagem a

---

* N. T.: Forma depreciativa ou ofensiva de denominar os palestinos.

CARTAS DE PALESTINOS A SEU VIZINHO ISRAELENSE **177**

Auschwitz e com as profundas conexões humanas possíveis entre dois povos que tanto têm sofrido. O coração é infinitamente mais poderoso do que a mente se assim o permitirmos.

Mas também é verdade que discordei profundamente de algumas coisas que você escreveu. Assim como você diz que os israelenses fervem de raiva pelas captadas omissões, interpretações e distorções de Mahmoud Abbas, também eu às vezes fervia de raiva. Não considero sua posição sobre a guerra de 67 como omissões e interpretações errôneas, mas como total ingenuidade (desculpe). Acho muito difícil acreditar que uma pessoa como você desconheça a verdade sobre a guerra de 67. Já citei discursos de generais e políticos israelenses antes em minha última carta a você, de modo que não irei citar muitos dessa vez.

Aqui está uma amostra:

Mordechai Bentov: "Toda a história do perigo de extermínio foi inventada em cada detalhe e exagerada *a posteriori* para justificar a anexação de novos territórios árabes".

General Matti Peled: "Afirmar que as tropas egípcias concentradas na fronteira poderiam, de alguma forma, ameaçar a existência de Israel não é somente um insulto à inteligência de qualquer pessoa capaz de analisar esse tipo de situação, mas acima de tudo um insulto ao exército israelense".

General Mordechai Hod: "Por 16 anos planejamos o que aconteceu naqueles primeiros 80 minutos. Convivíamos com aquele plano, comíamos com ele, dormíamos com ele. Jamais paramos de aprimorá-lo".

Apenas as crianças israelenses foram torturadas de modo a ficarem irreconhecíveis? As propostas de paz foram feitas apenas por um lado? Seria minimamente possível que os líderes concordassem (ou tivessem a autoridade) em dar metade do seu país para os outros e você pode culpá-los por se recusarem? É verdade que apenas um lado queria a paz? É verdade que Israel não queria / não quer guerra com seus vizinhos? É possível que os palestinos sejam tão insanos? E assim por diante... Você pode ver a história dessa forma ou está sendo ainda mais dissimulado do que o Sr. Abbas? Você terá que me corrigir (de novo, espero), porém minha cabeça lógica diz que há mais do que um pouco de propaganda (bem disfarçada, suponho), moldada delicada e amorosamente e tecida habilmente em uma veste que diz: "É tudo culpa deles, portanto, eles merecem toda a brutalidade que recebem de nós." Yossi, suponho que colocar alguma propaganda em seu livro era um impulso tentador demais para ser ignorado ou foi sua intenção o tempo todo?

Tenho certeza de que você recebeu muitos elogios por seu livro (e merecidamente), e eu decerto não sou um artífice da palavra ou um historiador, mas aqui estão algumas coisas que talvez não sejam óbvias demais para serem mencionadas:

Eu nunca me atreveria a dizer a um judeu como ele deveria se sentir sobre Israel, mas já perguntei isso a alguns. Entendo que meus amigos judeus, que atuam comigo no movimento para boicotar Israel, são atípicos e mesmo vistos como uma ala perigosa (e traidores talvez?). Mas eles existem em número crescente e insistem em serem considerados judeus e serem ouvidos. Eles vivenciam sua judaicidade como pertencentes a uma família, como você descreveu, mas se sentem primeiro ingleses ou australianos, judeus em segundo lugar e absolutamente não israelenses. Eu lhes perguntei se concordavam que Israel era "o lar do povo judeu". A maioria deles me disse que Israel era o lar de apenas alguns membros do povo judeu, que nunca haviam tido qualquer intenção de se mudar para lá e muitos sequer estiveram ali de visita. Tenho certeza de que você pode apontar pesquisas de opinião que mostram que a maioria

CARTAS DE PALESTINOS A SEU VIZINHO ISRAELENSE **179**

(provavelmente em declínio) vê Israel como seu lar espiritual, mas talvez possamos concordar que há uma minoria significativa que não. Minha compreensão é que o lar DO povo judeu é a Terra. Quanto mais cedo todos os povos considerarem que a Terra é seu lar em primeiro lugar, e que todos os povos pertencem à mesma tribo, mais cedo teremos um pouco de paz e compreensão. Seria essa visão tão utópica a ponto de ser inatingível? Talvez, mas sempre me disseram para sonhar grande e por isso não crio minha filha para ser meio palestina; eu a crio para ser totalmente parte da tribo da Terra. Talvez estejamos em uma corrida para conseguir isso antes de destruirmos a Terra?

Yossi, é claro que acredito na solução de dois Estados. Sim, concordo que os palestinos não deveriam retornar a Israel, porém que deveria haver compensação, forças de paz, Jerusalém Oriental como nossa capital, trocas de terras acordadas e acesso à mesquita. Entretanto, o MAIS importante é que isso precisa acontecer agora. Sem mapas de estradas, sem prazos, apenas acontecer agora. Agora mesmo. Qualquer coisa que retarde que isso aconteça agora apenas facilita a brutalidade do meu povo. O ponto de partida é cessar a construção dos assentamentos, retirar-se de todas as áreas em que o seu povo não vive e deixar nossas áreas para as forças de paz; então podemos negociar permutas de terra. Mas não perderei meu tempo promovendo qualquer coisa que não inclua a retirada imediata das forças de ocupação. Isso é tudo que apoiarei; o resto é um jogo midiático de Israel, enquanto leva tudo o que quer. Mas, sim, é aceitável uma solução de dois Estados com permutas de terra e Israel mantendo a maioria de seus ocupantes no local – porém não todos.

Ambos sabemos que Israel quer fazer algumas Gazas da Palestina e chamam isso de paz. Isso não vai funcionar para você ou para mim. A solução de um Estado único é apoiada com relutância somente por aqueles que acreditam que a Palestina agora é impossível por causa da invasão dos colonos de Israel e do ultranacionalismo e racismo israelenses, e talvez por nossos irmãos e irmãs utópicos. Por que você acha que as pessoas que boicotam não querem uma solução viável de dois Estados?

Pela minha experiência, são os judeus que não acreditam em uma solução de dois Estados. Jamais conheci um palestino que dissesse que deveríamos lutar contra Israel por Tel Aviv ou Haifa. Que proposta insana essa! Dizer que algo é ilegítimo não significa negar a possibilidade de ser livre algum dia e, em vez disso, infligir dor e morte sem esperança em seus filhos para sempre. Quantos israelenses acham que a Palestina é legítima? Yossi, por favor, faça o teste de hipocrisia comigo nesse caso. De tudo o que você nos acusa em termos de legitimidade (como a maioria das coisas?), Israel é o principal responsável. Quantos israelenses acreditam em uma justa solução de dois Estados? Quantos israelenses acreditam na legitimidade da Palestina? Quantos israelenses sequer *diriam* a palavra "Palestina"? Na verdade, quantos israelenses pensam que somos inferiores e nem *merecemos* liberdade? Israel não tem a mais básica postura inicial de um povo que deseja fazer a paz. Acredito firmemente que se você e eu de alguma forma nos empenhássemos para chegar a uma solução justa e fôssemos capazes de expô-la para nossos povos, a esmagadora maioria dos palestinos diria que sim, porém a maioria dos israelenses diria um retumbante não. Por favor, pare de falar sobre legitimidade a menos que você queira dizer ao mundo que não se deve confiar em Israel para fazer a paz porque nega-se com veemência a legitimidade da Palestina. Essa conversa não faz sentido para mim se eu ouvir a palavra "Palestina" proferida pelo governo israelense. Nós reconhecemos vocês; vocês se recusam até mesmo a dizer o nosso nome. Não fique para trás, nos acompanhe; estamos liderando o caminho com legitimidade.

Desejo tudo de bom, Yossi, e boa sorte em seus empreendimentos futuros. Espero ler mais da sua escrita adorável e realmente lhe envio um genuíno amor fraterno e sincera validação humana.

Com respeito e amizade,

Subhi

Subhi Awad cresceu em um campo de refugiados palestinos em Beirute e vive em Byron Bay, Austrália, onde trabalha como contador e ativista do movimento de boicote a Israel.

Caro Yossi,

Você escreveu que "um dos principais obstáculos à paz é a incapacidade de ouvir a história do outro lado". Concordo com você. Na minha busca para entender como essa sina se abateu sobre minha própria família, tenho estudado e questionado o nacionalismo palestino e sua narrativa associada, bem como a história do nacionalismo judaico e a importância da Terra de Israel na identidade judaica. Está claro que as narrativas públicas de ambos os lados – ou "sabedoria convencional" – têm sido contaminadas por um século de propaganda, como todas as histórias nacionalistas são, em um grau ou outro, mesmo na esfera acadêmica.

O impacto persistente de cem anos de *"fake news"* de ambos os lados minou a capacidade de um lado ver o outro como nos vemos, humanizar e demonstrar empatia, e começar a confiar um no outro. Esse, na minha opinião, é o elemento-chave necessário antes que esse capítulo da história seja encerrado.

Concordo com você que a ocupação só terminará quando a maioria dos israelenses acreditar que deve, e que isso não acontecerá até que os israelenses tenham renunciado à crença de que um Estado palestino provavelmente será irredentista e uma potencial ameaça existencial a Israel. Isso requer uma oposição vigorosa à desinformação da narrativa histórica pelo lado israelense.

Suas cartas estão repletas de erros históricos e clichês nacionalistas. Você obviamente não é, para usar sua falácia retórica, "um mentiroso patológico sem nenhuma história". Você simplesmente se depara com a opção de ignorar as muitas nuances e incertezas na narrativa da história nacionalista judaica e israelense.

Abaixo estão as críticas de algumas das citações do seu livro, em nenhuma ordem particular. A lista está longe de ser exaustiva.

Sobre as fronteiras de 1948, você escreve: "Uma retirada da Margem Ocidental reduziria o Estado judeu a fronteiras vulneráveis, o que reiteradamente servira de atração aos Estados árabes para que nos atacassem". As fronteiras às quais você se refere – as linhas de armistício de 1949 – nunca foram atacadas da maneira que você implica, e a tentação de "atacar", da qual você acusa os Estados árabes, nunca existiu. O mais perto que se chegou dessa situação foram as poucas horas de retaliação do exército jordaniano liderado pelo Egito, após a destruição de Israel em 1967 da Força Aérea Egípcia. A alegada "tentação" presumivelmente se refere à retórica bombástica pré-67 da Síria e do Egito e implica conhecimento do estado de espírito dos Estados árabes; no entanto, todas as pesquisas acadêmicas que analisaram a liderança árabe em 1967 concluíram com certeza que nenhum dos Estados árabes pretendia atacar. (As razões para a diplomacia arriscada deles na preparação para a guerra foram bem pesquisadas e explicadas.)

Sobre os refugiados, você escreve: "Os refugiados palestinos são a única comunidade de refugiados no mundo cujo *status* de sem-lar é hereditário." Isso não está correto; é um tópico propagandístico inventado para desacreditar tal *status*. As crianças nascidas em campos da ACNUR, Alto Comissariado das Nações Unidas para os Refugiados (ou seja, os demais 60 milhões de refugiados aos quais você se referiu), também são contadas como refugiados; não há nenhuma regra contra a inclusão. A afirmação correta é que os palestinos são o único grupo moderno de refugiados ainda existente, cujo direito de retorno tem sido negado por múltiplas gerações. Isso resulta no mesmo padrão fático, porém soa muito diferente.

Em um contexto mais amplo, você escreve: "Enquanto isso, outras emergências humanitárias exigem atenção". Essa técnica retórica era conhecida nos tempos soviéticos como "*whataboutism*"*. Aos 51 anos, a ocupação militar de Israel pós-67, em todas as suas formas, é a mais longa do mundo, assim como a crise dos refugiados palestinos. Outras situações podem ser mais agudas, mas essa é a mais crônica.

A respeito do colonialismo, você escreve: "Atualmente, a maioria dos israelenses descende de judeus que deixaram

---

* N. T.: Recurso retórico que envolve acusar o oponente de ter realizado coisa semelhante àquela de que ele o acusa, como forma de desviar a atenção de suas próprias ações.

uma parte do Oriente Médio para se reinstalar noutra. Diga-lhes que o sionismo é um movimento colonialista europeu e eles simplesmente não irão entender sobre o que você está falando". Em 1947, pouco antes do estabelecimento de Israel, metade de toda a terra de propriedade de judeus era de propriedade de dois fundos, o Jewish National Fund (Fundo Nacional Judaico) e a Palestine Jewish Colonization Association (Associação de Colonização Judaica da Palestina). O maior banco de Israel, o Bank Leumi, era originalmente conhecido como Jüdische Kolonialbank (Banco Colonial Judaico). Existem muitos outros exemplos do uso dos termos "colônia" ou "colonial" pelos primeiros imigrantes judeus na Palestina. Sentir-se ofendido pela palavra "colonialista" simplesmente não é sustentável à luz dos fatos históricos.

Sobre a retirada de Gaza, você escreve: "Afinal, foi isso que aconteceu quando Israel se retirou de Gaza em 2005, desmontando todos os seus assentamentos e bases militares. No entanto, mais tarde, milhares de mísseis foram lançados durante anos em bairros israelenses ao longo da fronteira". Essa justaposição é uma propaganda barata bastante conhecida. Você está insinuando que existe causação, ao passo que a realidade era muito mais complexa. A necessidade política israelense de jogar duro na frente de seus eleitores envenenou qualquer esperança de relações positivas entre Gaza e Israel. Os governos Sharon-Olmert têm responsabilidade parcial por seu envolvimento na política intrapalestina. E a retirada em si foi apenas parcial; o controle indireto permaneceu – o mundo ainda considera Gaza como ocupada devido ao controle israelense de seu espaço aéreo, águas marítimas, fronteiras terrestres, eletricidade, redes de comunicações, cadastro populacional etc. A propaganda em Israel em torno dessa situação – isto é, a falha do governo israelense em compartilhar a culpa – é hoje um dos principais obstáculos à paz.

Sobre a noção de uma "terra sem povo", você escreve: "Quando o conflito começou, esta terra estava praticamente vazia. Mesmo com o crescimento da presença das comunidades árabe e judaica, a terra foi capaz de acomodar duas nações". Mais um tópico propagandístico centenário. Esse absurdo é profundamente insultante para os palestinos. Observe que as duas províncias que compunham a Palestina no final do século XIX – o período ao qual você se referiu – eram a quarta e a sétima mais populosas de todas as 36 províncias do Império Otomano. Sua densidade populacional na época era maior do que a dos contemporâneos Indonésia, Nigéria e Egito, hoje três dos países mais superpovoados do mundo. E atualmente, excluindo os microestados, Israel e os territórios ocupados são o quarto país com maior densidade populacional do mundo, atrás apenas de Bangladesh, Taiwan e Líbano. O acima exposto tem como objetivo dar um exemplo de quão profundo e amplo é o problema narrativo. Há muito trabalho a ser feito.

Nenhuma dessas correções narrativas é original – acredito que você já tenha ouvido muitos desses contrapontos, e os demais são bem conhecidos dos estudiosos em suas torres de marfim há muitos anos. Então, como e por que uma sociedade intelectualmente avançada como Israel se permite acreditar em algo tão imoral, enchendo as mentes das crianças judias com propaganda e desinformação? Parece que o *mainstream* israelense sente instintivamente que a história é uma batalha a ser vencida, uma negociação, não um exercício para encontrar a verdade ou construir pontes.

Para nós, como seus vizinhos palestinos, para que respeitemos e aceitemos a narrativa nacionalista israelense, ela primeiro terá que ser diluída. (O mesmo é verdade no que tange à narrativa palestina.) Diluído significa que aqueles que falam pela comunidade israelense-judaica precisarão prescindir de certezas e representações binárias. Como indivíduo, isso requer olhar no fundo do seu interior e questionar narrativas em que seus pais e avós acreditavam até o dia de sua morte e às quais, em alguns casos, dedicaram sua vida.

As últimas duas décadas mostraram que eruditos israelenses que expõem imprecisões na narrativa nacionalista judaica são ostracizados, suas obras duramente criticadas, a fim de encontrar algum erro imperdoável com o qual forçar sua pesquisa ao silêncio. Quer você goste ou não deles como indivíduos, confie ou não em suas motivações ou concorde ou não com suas teses gerais, eles destacaram pontos fracos na memória coletiva judaica que devem ser aceitos de forma mais ampla. Por pontos fracos quero dizer que esses estudiosos semearam dúvidas razoáveis, criando áreas cinzentas num discurso no qual as pessoas, por outro lado, pensam e falam em preto e branco. Para falar como vizinhos, devemos nos afastar das certezas e reconhecer proativamente esses pontos fracos em nossas próprias narrativas. A forma como suas cartas são escritas mostra que você ainda tem que caminhar muito por esse caminho, pelo menos no que se refere aos princípios fundamentais na raiz da identidade judaico-israelense.

Se quiser que eu, como seu vizinho, caminhe com você na jornada que sugeriu, você terá que mostrar evidências de fazer o mesmo.

Com os melhores votos,

Onceinawhile

"Onceinawhile" é o pseudônimo de um empresário palestino que escreve para o projeto Israel Palestine Collaboration, da Wikipedia, que visa elaborar um consenso em torno de uma narrativa histórica unificada.

Prezado Yossi,

Que bom que você está me chamando de vizinho, porque de fato somos vizinhos, embora eu tenha demorado a percebê-lo.

Cresci sem ver você como meu vizinho. Em vez disso, cresci em Gaza vendo você como um criminoso, como alguém que veio roubar nossa terra e nos matar. Isso é o que aprendi da nossa história. Isso é o que me ensinaram.

E por que não acreditar?

Nasci em 1994 e então tinha apenas sete anos de idade quando começou a Segunda Intifada. Recordo-me que estava na escola da UNRWA [United Nations Relief and Works Agency for Palestine], na qual todos os dias me lembravam que você expulsou minha família da terra.

A partir do momento em que os ataques aéreos começaram em Gaza, ouvi os sons das bombas e os gritos dos meus colegas. Da nossa escola podíamos ver fumaça por toda parte.

Quando voltei para casa, pedi aos meus pais que me dissessem quem tinha feito isso. Eles responderam: "Os judeus, os israelenses fizeram isso". Então por que não odiar você? Por que não ver você como um inimigo?

Vivendo em Gaza, eu não tivera nenhuma interação humana com israelenses. A única voz israelense que reconhecia era a dos jatos israelenses sobrevoando nossas cabeças.

Agora você me fala sobre as repetidas rejeições dos palestinos aos planos de paz oferecidos pelos israelenses – seja por Ehud Barak ou Ehud Olmert.

Gostaria de lhe contar como os palestinos entendem isso à luz da nossa história: aprendemos que, antes de 1948 e do estabelecimento de Israel, nossa "Nakba", ou catástrofe, toda a terra da Palestina era nossa e nela todos falavam árabe. Então, de repente, os palestinos foram chamados a aprovar a doação de uma grande parte da terra a estrangeiros. Você pode me dizer por que deveríamos ter aprovado uma coisa dessas?

É claro que você e eu vemos a situação completamente diferente em termos de como examinamos esse conflito. O muro entre nós não permite que quem está de cada um dos lados veja a humanidade do outro. Em vez disso, faz com que ambos sintam que o outro lado é seu inimigo, a quem ele deveria temer.

Nas minhas aulas de História na escola, nunca ouvi que os judeus haviam estado aqui ou que tivessem qualquer ligação com a terra. O que eu sempre ouvia era a expressão *"alhaykal almaz'aom"*, que significa o templo reivindicado, com referência ao templo que os judeus alegam ter tido em Jerusalém. Não foi senão quando, como cristão, passei a ler a Bíblia com seriedade, reconheci que os judeus estavam aqui, e que tinham o templo. Na verdade, fiquei com raiva por nosso sistema educacional ter mentido.

Por que nós, como palestinos, temos que remover uma parte da história, a fim de refutar o vínculo dos judeus com esta terra?

Foi um desafio aceitar o vínculo dos judeus com a terra e compreendo totalmente a sensibilidade emocional do meu povo que se recusa a fazê-lo.

Mas aqui está a minha pergunta: o vínculo judaico com a terra significa justificar a total soberania judaica sobre ela e rejeitar por completo o nacionalismo palestino? Não penso que deveria. Acho que é errado tentar apagar o vínculo histórico de judeus e árabes com esta terra.

Agora, entendo o seu anseio pela terra e sua necessidade dela como judeu e, pessoalmente, tenho muita simpatia por isso. Mas você pode reconhecer o sofrimento que causou ao retornar?

Tenha sido resultado da guerra ou de outras ações sistemáticas, uma vez que a Nakba aconteceu, 650.000 refugiados foram impedidos de voltar para suas casas porque você voltou para a sua.

Podemos lidar com essa narrativa paradoxal? Posso admitir sua necessidade e seu vínculo com a terra, e você pode reconhecer o sofrimento causado ao nosso povo por causa do seu retorno?

Sei que há no povo palestino aqueles que tentam dizer que o judaísmo é apenas uma religião. Sei também que há quem diga que vocês não são absolutamente judeus.

De minha parte, rejeito ambas as alegações, porque não cabe a mim decidir o que é o judaísmo. Em vez disso, você e sua história é que irão decidir.

Parece-me que inúmeros judeus escolheram o sionismo como sua forma particular de nacionalismo, e para mim tudo bem.

Ademais, quem sou eu para lhes dizer que vocês não são judeus? Mas vamos entender o que está na raiz das reivindicações dos palestinos. Dizer que o judaísmo é apenas uma religião implica que os judeus não precisam de um Estado. E dizer que esses judeus não são judeus verdadeiros significa que eles não têm um vínculo legítimo com a terra. Por que os palestinos enfatizariam essas alegações? Trata-se daquele sentimento de que, se não o fizermos, então legitimaremos o próprio sionismo que destruiu tanto nosso sonho nacional e nosso direito à autodeterminação. Como podemos imaginar o fim da ocupação e nossa capacidade de autodeterminação ao admitirmos essas coisas?

Enfrentamos muitos riscos para nossas maiores esperanças simplesmente ao reconhecer os judeus como uma nação que se relaciona com esta terra. E é por isso, vizinho, que sua voz é importante, por dizer que ser um sionista não significa necessariamente ser contra os direitos palestinos.

Minha esperança é que seu livro seja um sinal de que há uma nova oportunidade para um diálogo honesto e desafiador entre nossos povos.

Sinceramente,

Khalil Sayegh

Khalil Sayegh nasceu em uma família de refugiados cristãos palestinos na Faixa de Gaza em 1994, no primeiro ano do controle da Autoridade Palestina. Atualmente vive em Ramallah e é bolsista do Projeto Philos. Esta carta apareceu inicialmente em The Forward *e é reimpressa com sua permissão.*

Caro Yossi,

Como tradutor do seu livro para o árabe, tive a rara oportunidade, para um palestino, de entrar em questões da identidade judaica e como os israelenses veem esse conflito. Essas são questões que nós, palestinos, muitas vezes discutimos sem profundidade ou simpatia – por razões óbvias e compreensíveis, dada a nossa situação.

Trabalhar neste projeto me ensinou muito sobre o judaísmo e a identidade judaica. Eu precisei me aprofundar nesse assunto enquanto lia este livro com atenção e objetividade. Espero que os leitores árabes não desistam antes de chegar ao final do livro, para que pelo menos possam aprender algo sobre a história e a religião do outro lado e como elas moldaram o caráter judaico. A maneira como você explicou política e religião movendo-se entre o passado, o presente e o futuro me ajudou a extrair algum entendimento claro sobre as experiências que os judeus enfrentaram ao longo da história e como elas afetaram e influenciaram sua identidade.

Traduzir este livro me ensinou sobre os temores judaicos que se baseiam em traumas profundos. Para nós, palestinos, a compreensão desses temores é crucial para criar uma solução justa e sustentável para o nosso conflito. Digo crucial porque testemunho as consequências negativas de tais temores e a forma em que afetam a minha vida e realidade diárias como residente da Margem Ocidental – consequências que são igualmente cruciais que o lado israelense reconheça.

Mentirei para você, vizinho, se ocultar as dificuldades que enfrentei ao traduzir este livro. Tornar-se seu tradutor exigiu que eu me concentrasse em transmitir sua mensagem de forma objetiva e ensinasse sobre sua história e sua dor – na minha língua. Se você se colocar no meu lugar, tenho certeza de que entenderá como isso tem sido emocionalmente desafiador.

Por exemplo: Qual lado precisa dar o passo inicial em direção ao outro? A ocupação deve terminar primeiro ou devemos primeiro normalizar as relações entre os dois povos? Você apoia a solução de dois Estados, mas emocionalmente considera isso injusto para com as reivindicações judaicas a toda a terra; você pode entender como, aos meus olhos, isso também é injusto, tanto no nível emocional quanto no prático? E, portanto: Devemos ser pragmáticos ou emocionais na busca de um fim para esse conflito? O que nos causará menos dor e sofrimento? Já que não há maneira de medir e comparar dor – qual dor deve ser contabilizada na determinação do nível de justiça ou de injustiça da solução? Essas perguntas me causaram uma turbulência interna sem fim.

Apesar de toda a minha ambivalência, tenho orgulho de fazer parte dessa iniciativa positiva que espero venha a dar frutos. Espero que este livro se torne uma plataforma que nos permita, palestinos e israelenses, compartilhar nossa dor e nossas aspirações.

Você transmitiu sua mensagem de forma clara e com sucesso – algo pelo qual eu te invejo. Acho que se nós, palestinos, pudéssemos expressar nossa dor de forma tão razoável e equilibrada, talvez teríamos encontrado um ouvido atento no seu lado em vez de te alienar e te afastar.

Espero que um dia, *Inshallah*, eu possa me dirigir a você, publicamente e sem medo, como meu "vizinho judeu israelense".

Eu te desejo tudo de bom,

Seu vizinho

O autor pede anonimato.

Caro vizinho,

Quando seu livro de cartas chegou à minha porta, seu tom e linguagem pacíficos me encorajaram a responder, já que na minha opinião ele rompe com a retórica habitual que os palestinos estão acostumados a ouvir de seu vizinho. Você queria abrir um diálogo com um "imaginado" vizinho palestino que vive do outro lado do muro de separação. Ao responder a você, meu objetivo é iniciar um diálogo com um vizinho israelense "real" que vive na porta ao lado, no espírito do nosso Sagrado Alcorão, "Dialoga com eles de maneira benevolente" (16:125).

Você usa a palavra "vizinho" para descrever os palestinos que vivem do outro lado de um muro mórbido, porém somos, de fato, vizinhos? Você desfruta da cidadania de um Estado, enquanto eu sou apenas um residente jerosolimita em seu país, privado dos direitos de cidadania.

Sou um palestino cuja família foi forçada, em 1948, a abandonar todas as suas posses em Jerusalém Ocidental e fugir para um refúgio seguro, primeiro no Cairo e depois na Cidade Velha de Jerusalém. Por sorte, tive um avô com uma vontade férrea que, em vez de lamentar o passado, lutou para reconstruir um futuro promissor para si mesmo e sua família.

Podemos discordar na interpretação de eventos passados, mas concordamos com nossos objetivos para o futuro. Você vê o conflito a partir de uma perspectiva ideológica de uma esquerda-direita ocidental, e eu o vejo a partir de uma perspectiva extremista-moderada. Sua perspectiva política separa os palestinos dos israelenses enquanto minha perspectiva considera uma aliança tácita entre o campo de conflito israelense-palestino extremista e o campo de paz israelense-palestino moderado.

Você alega que a ocupação não criou violência, mas que essa violência prolongou a ocupação. Dado que a premissa é falsa, a conclusão não pode ser válida. A ocupação, maculada pela subjugação, impulsionou o extremismo, e o extremismo abraçou hostilidade e violência.

Você já se perguntou, Yossi, por que os palestinos acreditam que não têm outra escolha para acabar com a ocupação exceto pela força? Se você se colocasse no lugar deles, entenderia o porquê. Os palestinos muitas vezes me perguntam como eu imagino que a moderação pode acabar com a ocupação – uma pergunta difícil de responder de forma persuasiva quando se depara diariamente com as políticas expansionistas e repressivas israelenses. Não obstante as probabilidades, imagino que uma cultura de moderação abriria caminho para a reconciliação, que por sua vez construiria confiança, levando a negociações de boa vontade e, finalmente, marcaria o início da paz e da prosperidade.

Você culpa os palestinos pelo fracasso do Processo de Paz de Oslo, o colapso da Cúpula de Camp David em 2000 e do plano de paz de 2008. Isso está de acordo com uma citação do ex-diplomata israelense Abba Eban, de que os palestinos "nunca perdem a oportunidade de perder uma oportunidade". Permita-me discordar. A culpa pelas oportunidades de paz perdidas deveria incluir líderes palestinos e israelenses, bem como os eleitores israelenses e as massas palestinas, que não estão psicologicamente prontos para a paz nem dispostos a pagar o preço doloroso da paz. Quando o primeiro-ministro israelense Olmert propôs seu plano de paz ao presidente da Autoridade Palestina Mahmoud Abbas em 2008, ele perdeu as eleições, o que obrigou ambos a abandonar uma iniciativa de paz viável. Os "grandes sonhadores" maximalistas dos dois lados novamente arruinaram

CARTAS DE PALESTINOS A SEU VIZINHO ISRAELENSE 195

com sucesso essa oportunidade de paz. Do meu ponto de vista, a "Paz" liderada pelos moderados de ambos os lados confrontou o "Conflito" impulsionado por extremistas de ambos os lados, e os moderados perderam a batalha.

Não compartilho sua opinião de que a Segunda Intifada de 2000 foi dirigida à existência do Estado de Israel. Já na Declaração de Princípios de Oslo de 1993, os palestinos reconheceram o Estado de Israel, mas na sequência cresceu uma profunda suspeita entre os palestinos de que os governos israelenses de direita não consideravam com seriedade a implementação dos acordos de paz assinados pelos seus governos de esquerda. Se você, como moderado, tinha essas percepções negativas sobre as intenções palestinas, então pode imaginar o quão prejudicial era a imagem estereotipada dos palestinos entre os radicais israelenses.

Quanto à alegação persistente de que Israel se retirou da Faixa de Gaza, mísseis ainda continuavam sendo lançados de Gaza contra cidades e bairros israelenses: você deve se lembrar, meu amigo, que Israel retirou-se de Gaza *unilateralmente*, entregando-a em uma bandeja de prata ao movimento religioso extremista Hamas. A propaganda do Hamas alegou que foram as operações suicidas, e não a diplomacia, que forçou a retirada de Israel. Esse mantra impulsionou a imagem e o prestígio do Hamas entre as massas palestinas, particularmente a juventude, em um tempo de humilhação, desespero e pobreza.

Nenhum lado ainda reconhece que tanto Israel como a Palestina são os "requerentes legítimos" da terra por razões históricas e emocionais. Compartilho sua convicção de que Israel tem o direito de existir e ser um país. Ao contrário do que os palestinos aprendem e ouvem, os judeus estiveram aqui no passado e não são recém-chegados a terra. Eles sonharam durante muitos séculos em retornar a Jerusalém.

CARTAS AO MEU VIZINHO PALESTINO

Eles vieram para cá em sucessivas ondas de imigração, muitos deles oriundos de nações que os perseguiam.

Espero que você, meu vizinho, também compartilhe minha convicção de que a Palestina tem o direito de existir e ser um país. Semelhante aos judeus, os palestinos não são recém-chegados a terra. Ao contrário do que os israelenses aprendem e ouvem, os palestinos estiveram aqui no passado e merecem estar aqui no presente e no futuro. O sonho judaico de uma pátria é tão válido quanto o sonho palestino de um Estado.

O elo comum crítico que nos vincula é a empatia. A insistência na compaixão com o estrangeiro figura com grande frequência na Torá e no Alcorão. Não compartilho as falsas alegações, muitas vezes ouvidas na sociedade palestina, de que "o Holocausto nunca ocorreu", ou que "os números de vítimas do Holocausto são exagerados", ou que "os judeus devem ser culpados pelo Holocausto por causa de sua função na sociedade, que tinha a ver com usura, bancos e assim por diante". Expresso minha profunda empatia com as vítimas dessa calamidade. Por outro lado, os judeus devem se dar conta de que a Nakba de 1948, sem compará-la ao Holocausto, deixou uma marca profunda na psique dos palestinos, ainda vívida em suas almas. A experiência traumática persistente deles como um povo sob ocupação não pode ser comparada com a experiência traumática dos seus vizinhos durante o Holocausto. Enquanto os judeus consideram o Holocausto a partir do "quadro geral", vendo nele um esforço maligno para obliterá-los como povo, os palestinos consideram o Holocausto a partir da "pequena imagem" de guardas, prisões e arame farpado semelhante às prisões israelenses e ao arame farpado. Isso dita a necessidade urgente de introduzir a educação sobre o Holocausto no currículo palestino.

CARTAS DE PALESTINOS A SEU VIZINHO ISRAELENSE   197

Enquanto sua associação com eruditos religiosos muçulmanos despertou em você a capacidade de empatia para com seus vizinhos muçulmanos palestinos, foi a minha viagem à Polônia, no abismo do Holocausto em Auschwitz, que despertou em mim a capacidade pessoal de identificação com meu vizinho israelense – uma compaixão que décadas de conflito e luta haviam suprimido.

Sua associação com os muçulmanos lhe ensinou que eles, em geral, pouco sabem sobre a cultura, a identidade e a fé judaicas e seu vínculo essencial com a terra. Por outro lado, minha associação com judeus me ensinou que, em geral, seu conhecimento sobre o islamismo é em grande parte, uma interpretação errônea dos versículos do Sagrado Alcorão que trata dos judeus. Há quase uma década, participei de uma conferência sobre antissemitismo realizada na Universidade Hebraica de Jerusalém. O especialista israelense sobre o islã que falou antes de mim argumentou que o Alcorão era antissemita, uma vez que descreve os judeus como "porcos e macacos". Quando foi a minha vez de falar, contestei sua alegação. Ele saiu da sala de conferência e depois voltou, segurando o Alcorão e me interrompeu, pedindo para ler o texto a seguir a fim de provar seu argumento. Minha explicação foi que o versículo descreve apenas o castigo de Deus para aqueles que transgridem o sábado. Como está escrito: "Já sabeis o que ocorreu àqueles, dentre vós, que profanaram o sábado: a estes dissemos: 'Sede símios desprezíveis'" (Alcorão, 2:65).

Ambos os vizinhos devem estar dispostos a fazer concessões e sacrifícios dolorosos para acabar com o conflito e as constantes ameaças de guerra. Pode-se fazer as pazes com o outro quando ambos concordam mutuamente em reconhecer a existência um do outro, reconhecer as preocupações e aspirações nacionais do outro e ter um profundo respeito um pelo outro. Ambos devem ouvir, aprender e apreciar a narrativa coletiva um do outro. Você estuda o islamismo e eu estudo o judaísmo. No final de nossa jornada, nos encontraremos no centro e compartilharemos nosso amor pela religião.

Ambos reconheceriam a legitimidade das reivindicações à terra um do outro e não procurariam obliterar ou destruir um ao outro. Ambos adotariam um currículo educacional de paz e reconciliação em suas escolas. Os mapas da Palestina mostrariam Israel, e os mapas de Israel mostrariam a Palestina. Nossa fidelidade não seria a pedras ou à ideologia política, mas daria prioridade à dignidade humana do outro.

Para que a paz entre nossos povos aconteça e para que um futuro compartilhado aconteça, palestinos, árabes e muçulmanos precisam ouvir sua história e levar a sério suas cartas. Igualmente importante é que meu vizinho também reconheça minha identidade e meus direitos, como o livre acesso a comida, água, abrigo e saúde. Os nossos povos precisam entender e apreciar o vínculo compartilhado entre a terra, a religião e a identidade.

Infelizmente, duvido que os palestinos ouçam a narrativa do seu povo, uma vez que eles não são ensinados a tolerar as opiniões de pessoas que consideram seus inimigos. Como você observa corretamente, sua educação oficial, a cobertura da mídia, os sermões religiosos e os discursos políticos construíram um muro mais gigantesco do que o de cimento que seu governo construiu. Os ativistas da paz palestinos são o único grupo propenso a compreender "a história judaica e a importância de Israel na identidade judaica". Mas eles não são o seu público-alvo. Será ainda mais difícil que os extremistas de ambos os lados apreciem a narrativa, os valores e as crenças de seu "vizinho".

Compartilho seus apelos para uma nova abordagem da reconciliação entre palestinos e israelenses – uma estratégia que respeitasse e limitasse as reivindicações maximalistas de cada povo, ou o que eu chamo de "O Grande Sonho", acomodasse o papel da religião e permitisse que cada lado ouvisse atentamente a narrativa do outro. Estou confiante de que as respostas que você poderá receber de palestinos e israelenses de mente fechada não o desencorajem de continuar seus nobres esforços para diminuir a grande fissura entre nossos povos.

Nós dois compartilhamos os sentimentos complicados de fé, orgulho, raiva, angústia e esperança. Você se mudou para Israel a fim de participar do drama da renovação de uma pátria judaica, e eu voltei à Palestina para compartilhar a concretização de um sonho. Nós dois estamos comprometidos a ver o sucesso de uma solução moralmente responsável de dois Estados democráticos.

A primeira lição que aprendi na primeira série da escola primária foi a história de um rei que, ao passear nos campos, encontrou um velho que plantava uma oliveira. Perguntoulhe em tom de provocação: "Velho homem, por que você está plantando uma oliveira? Você espera comer algum de seus frutos?" O velho respondeu: "Nossos antepassados plantaram e nós comemos, nós plantamos para que nossos netos comam." Recentemente, um amigo meu rabino me chamou a atenção que o Talmud tem um ensinamento semelhante: "Assim como meus antepassados plantaram para mim, também eu plantarei para os meus filhos e para os filhos dos meus filhos." Plantemos para nossos filhos as sementes da paz. Vamos dar as mãos para alcançar compreensão mútua e relações pacíficas entre nossos dois povos, baseadas na liberdade, na justiça e em boas relações de vizinhança.

Com esperança e fé,

Seu vizinho,
Mohammed S. Dajani Daoudi

O professor Mohammed S. Dajani Daoudi é fundador do movimento de paz palestino Wasatia.

Foi diretor fundador do programa de pós-graduação do American Studies e diretor-geral das bibliotecas da Universidade Al-Quds em Jerusalém. Em 2014, tornou-se foco de intensa controvérsia por liderar 27 estudantes palestinos em uma visita a Auschwitz. O clamor público palestino, acompanhado de ameaças de morte, levou à sua demissão da universidade.

Caro Yossi,

Li recentemente seu livro e decidi aceitar sua oferta de enviar uma resposta. Sou o que às vezes chamam de jordaniano da "Margem Ocidental", o que significa que minha família não se origina de algum lugar na Palestina. No entanto, tenho muitos amigos e conhecidos que são oriundos de lá. Vivi a maior parte da minha vida na Jordânia. Então, nesse sentido, posso não ser seu vizinho próximo, mas provavelmente sou o vizinho de baixo.

Desde que me lembro, a questão Palestina/Israel tem sido um ponto de referência da minha educação. Não consigo pensar em nenhum momento na escola em que não nos tivessem

CARTAS DE PALESTINOS A SEU VIZINHO ISRAELENSE   201

ensinado sobre a história do conflito árabe-israelense, nem sobre as formas significativas nas quais ele configurou nossa realidade atual. Muitos dos meus professores, afinal, eram eles próprios refugiados – e podiam descrever muito vividamente suas vidas como crianças ali – ou descendentes de refugiados e tinham herdado as histórias e a História de seu exílio da Palestina. (Assim como você se refere à "terra de Israel" em seu livro como um termo que pode fazer com que seus vizinhos se sintam desconfortáveis, o termo Palestina o será para você.) Então, como você pode imaginar, recebi uma dose maciça dessa história a partir de um ponto de vista exclusivamente árabe.

Ao longo da minha vida, o problema aumentou e se reduziu um pouco, diminuindo em meus anos hedonistas em uma universidade no Reino Unido. Mas a questão tem aumentado fortemente nos últimos dez anos, dada a minha proximidade com a Palestina/Israel. Em um esforço para entender o conflito e para me distanciar da narrativa um tanto simplista do conflito que nos foi transmitida durante a nossa educação, decidi fazer minhas próprias leituras. Comecei lendo jornais israelenses, tentando cobrir o espectro político mais amplo possível em seu país para entender melhor como pensa a sociedade israelense. Sinto que tenho uma base e uma compreensão geral de seu povo e suas cartas certamente ajudaram a elucidar a centralidade de Israel na autocompreensão do povo judeu.

Minha reação inicial foi enviar-lhe uma resposta que fosse um exercício de pontuar. As seções de comentários na internet me convenceram da futilidade de tal esforço. Em vez disso, vou apenas dizer o que sinto, na esperança de que algo do que digo repercuta em você.

Deixe-me começar com o remate: eu acredito que Israel deva existir. Essa convicção não advém da minha compreensão básica do povo judeu ou de seus laços com a terra de Israel. Ela decorre, sim, de uma justiça universal básica em que acredito, que afirma que um povo com uma cultura única merece ter um espaço único no qual essa cultura possa se expressar de forma primordial, no qual o Estado reflete a cultura das pessoas que governa. É também por isso que não tenho nenhum problema em reconhecer Israel como o Estado judeu. (Como um aparte, eu também acredito que os curdos merecem um Estado próprio, com implicações políticas e geográficas para os árabes, que se danem turcos e iranianos.) Afinal, se a maioria dos cidadãos de Israel quer definir o Estado em termos judaicos, quem sou eu para discordar? Eu não aceitaria que um cidadão israelense avaliasse como a Jordânia se define, como de fato às vezes fazem, quando afirmam que "A Jordânia é a Palestina".

Mas... e há alguns "mas" nesta carta para você. Tenho minhas ressalvas e discordo de você quanto ao ponto de partida da reconciliação entre palestinos e israelenses. E essa questão diz respeito, surpresa, surpresa, ao sionismo. Em algum lugar na minha mente, posso ver seus olhos se revirando enquanto você pensa "Aqui vamos nós...", mas me ouça. O que estou prestes a escrever provavelmente será difícil para você ler, e pode inclusive ofender, mas essa não é minha intenção. Em seu livro, você convida palestinos, árabes e muçulmanos, a lhe responderem. Acho, portanto, que você deve estar preparado para ouvir o outro lado da moeda sionista, a partir do nosso ponto de vista.

Na minha opinião, o sionismo é formulado em duas partes: a primeira é o anseio bíblico e espiritual de retorno que formou grande parte da experiência judaica no exílio. A segunda é a necessidade secular de um *Judenstaat*,* como afirmou Herzl. E cada uma dessas formulações implica um problema central que, a meu ver, nos trouxe à situação atual.

---

* N. T.: Em alemão, "Estado dos judeus". Theodor Herzl é o autor da obra homônima *Der Judenstaat* (*Estado judeu*), publicada em 1896 em Viena.

Deixe-me abordá-los em ordem. No que tange à interpretação bíblica do sionismo, há o desejo e o anseio de voltar para a terra de Israel, para que o exílio termine e o povo judeu seja redimido através da terra. Na minha opinião, é louvável que os judeus tenham se apegado a essa crença por milênios, contudo, trata-se de uma postura absolutista e maximalista. Ela afirma categoricamente que "a terra de Israel pertence ao povo de Israel", o que, *ipso facto*, exclui as pessoas que podem já estar vivendo na terra que o sionismo reivindica como sua. Essa é uma postura que implica que a propriedade da terra por outro(s) povo(s), não importa há quanto tempo, não importa o que foi feito com a terra, não importa o seu apego a ela, é transitória na melhor das hipóteses e não tem validade histórica, prática ou legal.

Deixe-me agora abordar o aspecto secular do sionismo, aquele que acredito ser muito mais problemático do que as reivindicações espirituais. Em poucas palavras, o sionismo secular desumanizou os árabes que viviam na Palestina a fim de atingir seus objetivos. Desde o início, desde o primeiro Congresso Sionista na Basileia, já se sabia que havia outro povo vivendo na terra – tenho certeza de que você já ouviu a infame frase "A noiva é linda, mas ela é casada com outro homem". Herzl, por sua vez, via a população nativa da Palestina como um problema a ser resolvido, não como seres humanos que têm as mesmas esperanças e os mesmos temores dos judeus da Europa que ele estava tentando proteger. Citando Herzl nesse contexto: *"Devemos expropriar com cuidado a propriedade privada no Estado que nos foi atribuído. Tentaremos encorajar a população paupérrima do outro lado da fronteira, procurando emprego para ela nos países de trânsito, ao mesmo tempo em que lhe negamos o emprego em nosso país. Os proprietários ficarão do nosso lado. Tanto o processo de desapropriação quanto o da remoção dos pobres devem ser levados a cabo de forma discreta e prudente...".*

O que isso diz sobre um movimento nacional cujo objetivo professado é a salvação e a redenção de seu povo, quando precisa tratar a indesejável "população paupérrima" como um problema de massa, quando suas terras precisam ser "expropriadas" com sigilo e trapaça? É claro que outros mitos e distorções sobre os árabes da Palestina surgiram em torno do sonho sionista, o mais perturbador dos quais a "terra sem povo para um povo sem terra". Será que a existência do povo que ali estava não significava nada? Como sua presença poderia ser apagada? Como um povo que busca a salvação ousa desconsiderar a humanidade de outro povo? Muitas vezes, ouvi a resposta de que os judeus da Europa estavam enfrentando tempos desesperadores, especialmente com os *pogroms* na Rússia czarista – porém, isso realmente justifica a desumanização do povo na Palestina? E se os palestinos na diáspora usassem o mesmo argumento contra vocês – de que são indesejados, não amados, ameaçados pelos vários regimes sob os quais são forçados a viver – você aceitaria que fizessem de você a mesma formulação que você fez deles? Vocês não aceitam, na verdade. Vocês exigem ser vistos como seres humanos, enquanto seu movimento nacional criou toda uma história em torno da desumanização de um povo que vocês exigem que os veja como seres humanos.

A propensão oculta desses pontos se resume em duas palavras: Pecado Original. Sim, essas duas palavras. Para mim, esse é o Pecado Original do sionismo secular: o fato de ele não levar em conta a humanidade das outras pessoas na terra que reivindica para si. Por favor, entenda, não estou pedindo que você reprove ou negue o sionismo. Não posso pedir a ninguém que desaprove um princípio central de sua razão de ser e espere ser ouvido com alguma seriedade. O que estou pedindo a você é a crítica a esses aspectos do sionismo. Nenhuma crítica da minha parte, como árabe, um forasteiro, obrigará qualquer israelense ou judeu a refletir sobre as questões que acabei de suscitar.

Da perspectiva judaica, vocês nunca saíram. Vocês nunca renunciaram às suas reivindicações sobre a terra, de modo que distâncias temporais e espaciais não determinam quem tem a propriedade da terra. Sua fé, sua crença e sua aliança com Deus é o que lhes dá os direitos à terra. Do ponto de vista árabe, vocês são judeus europeus que vieram para a Palestina de praias distantes e, a meu ver, esse fato incontestável é que dá aos palestinos a vantagem nas guerras de "justiça" entre as duas narrativas. Os palestinos não viajaram à Europa para reivindicar terras nas quais outras pessoas já estavam vivendo, nem tinham qualquer desejo de prejudicar outro povo, nem de remover os pobres judeus do gueto e levá-los a algum outro lugar como se esse lugar fosse a sua terra.

E, assim, você pode pensar como chegamos de "eu acredito que o Estado de Israel deva existir" para esse ponto, no qual esse sujeito está quase negando o espírito do sionismo? Bem, em última análise, eu não acredito que seria um resultado justo se os israelenses ou os palestinos vencessem esta guerra. Tenho certeza de que você pode conceber minhas objeções à vitória dos israelenses na guerra, mas por que os palestinos?, você poderia perguntar. Porque isso não vai realmente resolver qualquer coisa. Não fará justiça a um povo que historicamente têm sido vítima de injustiça; nem deixará palestinos e árabes com uma história da qual se orgulhar. Deixará simplesmente uma ferida aberta que nós encobriríamos, ignorando os efeitos posteriores que teria sobre nós. E quem sabe, talvez mil anos a partir dessa data, os judeus poderiam retornar e todo o ciclo se repetiria. E, assim, passo a acreditar que é melhor deixar Israel onde está do que continuar a lutar para removê-lo.

E então, caro vizinho um tanto distante, como vamos resolver nossas diferenças, abordar nossas queixas e curar nossas feridas? Sinto lhe dizer que lhe aguarda uma leitura difícil adiante, porém ela deve começar com um pedido de desculpas.

Não importa o quanto eu esmiúce a questão, a analise, a desmonte e a remonte, minha mente reiteradamente volta ao seguinte ponto: o povo judeu, pelo menos aqueles que se identificam como sionistas, devem se levantar e pública e sinceramente oferecer um autêntico pedido de desculpas ao povo palestino. Independentemente das circunstâncias em que vocês se encontraram, vocês se aproveitaram de um povo pobre e relativamente impotente, causando-lhe uma injustiça. Um povo que, até a criação do sionismo secular, *não lhes havia feito nenhum mal*. Há muitas coisas pelas quais palestinos e árabes têm que pedir desculpas aos judeus, mas não acho que o processo pode começar sem esse primeiro passo de sua parte. Acredito sinceramente que isso seria um acontecimento transformante entre nossos dois povos. Daria finalmente aos palestinos o reconhecimento que eles têm buscado e que decerto merecem. Sim, os árabes deveriam ter tratado vocês como primos, mesmo como irmãos e irmãs, mas (essa maldita palavra novamente) o mundo árabe não pode começar a admitir os erros que cometemos contra vocês sem esse pedido de desculpas inicial.

A última coisa que gostaria de dizer nesta carta é que não estou procurando determinar quem está mais certo ou errado nessa questão; estou apenas tentando transmitir o que penso sobre esse conflito complexo e sangrento, e como acho que podemos começar a sarar. Acredito que, em parceria, poderíamos transformar o Oriente Médio na inveja do mundo, e acho que, em última análise, é melhor para os árabes reintroduzir o espírito de investigação e autocrítica que você mencionou corretamente e que perdemos. Tem havido demasiada homogeneidade no mundo árabe durante o último século. Injetar algo velho/novo (parafraseando Herzl) de um povo que, no seu cerne, creio eu, nos entende melhor do que qualquer outro, sem dúvida beneficiará ambos os nossos povos.

   Sinceramente,

Seu vizinho jordaniano um tanto distante

P.S. Por que diabos levou tanto tempo para seu povo dialogar conosco, o povo em meio ao qual você vai viver? Por que esse esforço não foi feito no início do sionismo secular, em vez de agora, quando é quase tarde demais?

O autor, que pede anonimato, é analista de dados que vive em Amã, na Jordânia.

Caro Yossi,

   Por muito tempo, ambos os lados deste conflito existiram em uma espécie de constructo imaginário. A paz deve mitigar a desconfiança coletiva entre os dois povos, que conhecem pouco além do ódio, da suspeita, da culpa e da contraculpa, do medo, da paranoia, da necessidade histórica, da retribuição.

Sua boa vontade em abraçar o outro me atordoou. Todo palestino deve ler o seu livro. Todo israelense deve ler o seu livro. O mundo árabe como um todo deve ler o seu livro. A honestidade em suas cartas, moldada por um poderoso senso de autoinvestigação redentora, é ao mesmo tempo humilde e convidativa.

Ainda assim, embora eu seja egípcio e não possa me atrever a falar em nome do povo palestino, encontrei certos constructos representacionais dentro de sua narrativa que perpetuam mitos convenientes. Eu remeto você à resposta ponderada do escritor palestino Raja Shehadeh ao seu livro, publicada no *The New York Times*. Ele escreve: "Suas cartas parecem um exercício intelectual, que é um privilégio de que você desfruta, porém nós não. 'Se você estivesse no meu lugar, vizinho, o que faria?', você pergunta. No entanto, não estamos no seu lugar. Você apresenta o problema central do conflito como um 'ciclo de negação', no qual o meu lado nega a sua 'legitimidade', não reconhecendo o suficiente a 'condição de povo do judeu', e o seu lado nega a minha 'soberania nacional'. Mas essas coisas são não equivalentes".

Embora eu concorde com o ponto de Shehadeh sobre a falta de equivalência moral, ambos os lados precisam se engajar no que chamo de possibilidades redentoras. Ambos os lados precisam confrontar e reconhecer suas respectivas contribuições para o conflito, a fim de encontrar uma solução significativa.

Yossi, acredito que você contribuiu dando um poderoso primeiro passo para a redenção. Nós, no mundo árabe, precisamos nos engajar em nossa própria introspecção coletiva e reconhecer nossas deficiências e fracassos. Isso é algo que não fazemos bem. Eu mesmo me envolvi em argumentos sem

CARTAS DE PALESTINOS A SEU VIZINHO ISRAELENSE

fim contra Israel quando estudava filosofia em Berkeley. Fui fortemente influenciado por Edward Said, particularmente por sua obra inovadora *Orientalismo*.

Com o tempo, porém, me cansei da minha própria ignorância sobre o povo judeu. Comecei a ler livros sobre judaísmo, cultura judaica, história e o Holocausto. Algo aconteceu ao longo do caminho – algo imprevisível e profundamente transformador. Com o conhecimento veio o respeito, que por sua vez levaria a um sentimento duradouro de amor pelo povo judeu. Seus próprios momentos transformadores e epifanias, Yossi, estão claramente articulados em seu livro.

Em sua décima carta, você escreve: "Desde os tempos bíblicos, os judeus têm acreditado que estávamos destinados a ser uma bênção para a humanidade. O que esse senso de *self* exige de nós em nosso relacionamento com você? Que iniciativas devo tomar a fim de que nos aproximemos da paz mais uma vez, não obstante todas as probabilidades?" O que precisamos dos palestinos, bem como do mundo árabe mais amplo, é aquele tipo de introspecção e meditação corajosas sobre o conflito, sem o uso de linguagem acusatória ou de recriminações.

Ambos os lados têm queixas válidas que devem ser abordadas. Mas isso não pode acontecer enquanto eles estiverem se envolvendo em constantes ataques *ad hominem*. Você declarou que o seu propósito ao escrever o livro era "explicar a história judaica e a importância de Israel na identidade judaica para os palestinos que são meus vizinhos". Aplaudo você por envolver seus vizinhos, que, por muito tempo, se sentiram marginalizados, ignorados e alienados. O que precisamos agora são mais dessas conversas propostas por palestinos e outros árabes. Sou grato a você por escrever um livro tão tocante e comovente e por reacender um otimismo tão necessário em uma região na qual o destino parece ter conspirado para manter separados ambos os povos. Acredito que a paz virá, mas somente se os dois lados se envolverem no mesmo tipo de conversa redentora à qual você deu início.

Sinceramente,

R. F. Georgy

R. F. Georgy é um romancista egípcio-americano. Sua obra mais recente, Absolution, *está sendo transformada em filme pelo cineasta israelense Eran Riklis.*

Caro Yossi,

Li seu livro com grande interesse e com o coração aberto. Como autor de um livro sobre minhas experiências enquanto crescia em Gaza sob ocupação, aprecio sua tentativa de dialogar com os palestinos.

O livro que escrevi é também uma espécie de carta endereçada ao outro lado. Na verdade, termino meu livro com uma carta ao soldado israelense que atirou em mim pelas costas, sem nenhuma provocação de minha parte, quando eu tinha 15 anos. Na minha carta, eu lhe disse que o perdoo e o chamo de "primo". Espero que meu livro seja publicado em hebraico, porque eu quero que minha história seja conhecida pelos israelenses. Depois de ser baleado, fui tratado e passei por um processo de reabilitação em um hospital israelense, no qual vivenciei a bondade e a humanidade que eu não sabia que existiam no seu lado.

CARTAS DE PALESTINOS A SEU VIZINHO ISRAELENSE **211**

Estamos em contato desde que falamos sobre nossos livros no United States Institute of Peace em Washington, D.C. Somos semelhantes, você e eu. Nós dois temos um grande senso de pertencimento. Penso que essa tem sido a chave do seu triunfo e do meu ardente apego à ideia da Palestina. Uma Palestina que acredito deve existir em paz e dignidade lado a lado com seu país.

Alguns dias atrás, você me escreveu para saber como eu estava e como anda o meu livro, *The Words of My Father*. Você mencionou que acabara de "voltar para casa" depois de uma turnê do seu livro. Eu lhe respondi "Bem-vindo a casa!" No entanto, algo parou em mim quando escrevi aquilo. Sua casa não é Tel Aviv. Você nem vive em Jerusalém Ocidental. Não, Yossi, você mora em Jerusalém Oriental. Sua casa é terra que pertenceu ao meu povo por séculos e o mundo prometeu que voltaria para mim desde que foi apreendida pelos paraquedistas israelenses, sobre quem você escreveu em seu livro anterior, *Like Dreamers*.

Nós palestinos somos um povo de grande paixão e orgulho. Quando você escreve que os judeus lutaram numa guerra clandestina e expulsaram os ocupantes britânicos, você de fato está negando o que os palestinos sofreram nas mãos dos colonizadores britânicos. É frequentemente difícil para mim contar-lhe a minha história, mas, quando o faço, devo contá-la em termos familiares para você, porque realmente desejo que você entenda melhor a minha narrativa.

Quanto mais entendermos a narrativa um do outro, mais base teremos para coexistir. Nossa coexistência não deve ser por meio de negação ou separação, mas sim de reconhecimento e integração, e acredito que seu livro seja um convite profundo para tal processo. Eu te elogio por isso.

É uma coisa maravilhosa ser lembrado por você que ambos proclamamos a unidade de Deus porque, acima de tudo, isso é o que importa. Aprecio seu vínculo com Deus. Isso me aproximou de sua narrativa de forma profunda. Convido você a continuar escrevendo cartas ao povo palestino.

As pessoas que moldaram as palavras de meu pai me ensinaram a amar e não a odiar, a nunca me render à derrota ou à injustiça, sempre defender a paz na Terra Santa, perdoar você por toda a dor que seu povo causou ao meu e dizer-lhe: "Bem-vindo ao lar, Yossi."

Seu vizinho sob ocupação,

Yousef Bashir

Yousef Bashir é o autor de The Words of My Father *(HarperCollins, 2019) e ex-representante junto ao Congresso americano da embaixada da Organização para a Libertação da Palestina em Washington D. C.*

Caro Yossi,

Quando você escreveu *Cartas ao meu vizinho palestino*, não acho que imaginou que os palestinos iriam ler o livro ou mesmo responder às suas cartas. Fui um dos que o leram por mera coincidência e agora estou tentando responder.

Além do fato de que seu livro é um registro de como você se sente enquanto residente judeu de Jerusalém, é extraordinário que alguém como você possa ver além do muro político e psicológico. Ouço vozes palestinas me dizendo: "Como você ousa validar esse livro!" Tentarei explicar por que me sinto assim.

No primeiro parágrafo de sua primeira carta você escreve: "Eu chamo você de 'vizinho' porque não sei o seu nome nem qualquer coisa pessoal sobre você." Ouvi naquelas palavras uma voz que nós, como palestinos, raramente ouvimos. Seu reconhecimento dos palestinos e da Palestina nas cartas foi uma grande coisa para mim. Você não apenas nos reconheceu, você admitiu que não conhecia o seu vizinho. Isso confirma minha crença no poder de conhecermos um ao outro. Esse conflito não terminará enquanto formos proibidos de conhecer o "outro". Esse é um luxo a que as pessoas em conflito não podem se permitir. Elas estão cercadas de medo e desumanização que as paralisa.

Suas cartas confirmaram minha sensação de que as narrativas religiosas configuram o conflito palestino-israelense. A religião destina-se a nos unir; por que nós, os descendentes de Abraão, brigamos entre nós? E para quê? Será porque essas narrativas religiosas nos colocam em duas categorias diferentes, os escolhidos e os não escolhidos? Será porque Abraão não resolveu seus problemas em seu relacionamento com os filhos e as esposas? Será porque nós dois achamos que somos vítimas de formas contínuas de opressão? Deveríamos repensar essas narrativas e tentar oferecer à próxima geração de judeus e palestinos uma nova narrativa de destino compartilhado e de valores compartilhados de humanidade e justiça?

Você fez o seu melhor para ser honesto sobre seus medos e aspirações. Espero que esse seja um passo à frente para mais conversas difíceis sobre a Palestina e Israel.

Seu,

Huda Abuarquob

Huda Abuarquob é o diretor regional da Alliance for Middle East Peace (ALLMEP)

Caro Yossi,

Somos uma "moça palestina" de Nablus e um "rapaz israelense" de Jerusalém que se encontraram em Washington, D.C., durante um programa na American University. Estamos lhe escrevendo para contar sobre o trabalho que começamos a fazer juntos.

Rawan viveu metade de sua vida em Nova York e a outra metade no que ela descreve como o oposto absoluto da Big Apple, uma aldeia muçulmana conservadora próxima de Nablus, na Margem Ocidental. Foi ali que ela vivenciou as implicações da ocupação israelense, onde soldados da IDF invadiram sua casa e a traumatizaram e a seus irmãos mais novos, onde sua mãe foi baleada por um colono israelense, onde ela interagiu pela primeira vez com o outro lado que tinha metralhadoras e apontou uma arma para ela no posto de controle de Hawara. Isso a fez perceber que a paz ou qualquer outro acordo não poderia ser alcançado enquanto Israel mantivesse sua presença na Margem Ocidental e seu cerco a Gaza.

Bar nasceu no deserto do Negev, no *kibutz* Beit Kama, ao lado da cidade beduína de Rahat. A conversa à mesa de jantar sempre girava em torno da paz, e ele acreditava com sinceridade que a retirada israelense de Gaza e da Margem Ocidental naturalmente levaria a uma separação. Quando adolescente, Bar foi atacado por palestinos que o espancaram e o roubaram. Mas o fator mais importante que tornou difícil para Bar acreditar que o outro lado queria acabar com o conflito foi o fato de que o desligamento israelense de Gaza não levou à paz, mas sim a lançamento de mísseis que caíram no seu bairro. A partir daquele momento, inclusive durante seus três anos de serviço militar, cada interação com os palestinos era focada na violência. Mesmo depois, quando trabalhava como guia turístico em Jerusalém, ele testemunhou a violência entre ambos os lados. Durante uma de suas visitas guiadas, um palestino tentou esfaquear um policial israelense e foi baleado e ferido. Embora a maior parte dos encontros diários de Bar com os palestinos fosse respeitoso na superfície, por baixo havia tensão e medo de que a violência pudesse irromper a qualquer momento.

Fomos inspirados pelo método que você usou em seu livro para dialogar com o outro lado. Seu diálogo nos serviu de modelo para uma forma sincera e despretensiosa de falar. Entretanto, cada um de nós foi inspirado de maneira diferente. Por meio de seu livro, Bar reafirmou sua crença de que o modo de criar a compreensão do outro lado é contando sua história e narrativa aos palestinos e também ouvindo as histórias deles. Para Rawan, esse livro é mais complicado: sua primeira resposta foi considerá-lo uma forma de o movimento sionista justificar as injustiças diárias que os palestinos sofrem. Mas ela respeita suas opiniões e entende a importância de ambos os lados ouvirem um ao outro, não importa o quanto discordemos. É exatamente isso que seu livro nos convida a fazer.

CARTAS AO MEU VIZINHO PALESTINO

Como resultado do seu livro, decidimos visitar vários *campi* nos Estados Unidos e contar, lado a lado, as nossas diferentes histórias aos estudantes. Este livro nos uniu para que criássemos um diálogo sério entre palestinos e israelenses na casa dos 20 anos. Somos a próxima geração que será responsável por lidar com as consequências das falhas da geração de Oslo, que hoje não pode deixar de lado os conceitos pré-concebidos do outro – especialmente a noção de que o outro é o único obstáculo a avançar. Não temos opção a não ser criar uma nova história.

Em nosso programa, levamos nossa narrativa para todos os lados e nos encontramos com cristãos, muçulmanos e judeus, palestinos e israelenses. Percebemos que o público vem com os mesmos conceitos pré-concebidos da geração de Oslo, negando tanto a noção da nacionalidade palestina quanto o direito de existência de Israel. Mantemo-nos unidos para falar sobre a questão dos refugiados palestinos, discutir a liberdade de movimento e abordar os requisitos de segurança de ambos os povos. Embora esses assuntos difíceis sejam quase impossíveis de negociar hoje, o fato de estarmos juntos em um mesmo espaço mostra que a mudança é possível. Acreditamos que um livro possa inspirar as pessoas a responder, porém um diálogo como o nosso pode romper barreiras.

Seu livro nos mostrou como desenvolver esse método de encontro. Queremos que esses encontros se difundam não apenas entre israelenses e palestinos que vivem nos Estados Unidos e em outros países ocidentais, mas também queremos apresentar nosso enfoque a Israel e à Palestina. Apelamos aos israelenses e aos palestinos: se vocês se consideram responsáveis por ajudar a criar uma nova história, se vocês acreditam que a narrativa do lado contrário prejudica a sua narrativa, então digam isso em voz alta. Juntem-se ao movimento.

Estamos trabalhando para romper as barreiras que o conflito criou dentro de ambos os povos.

Obrigado e bom dia.

Rawan Odeh e Bar Galin

Rawan Odeh é diretora administrativa da New Story Leadership for the Middle East, que reúne líderes emergentes de Israel e da Palestina em Washington, D.C., todo verão. Ela tem bacharelado em Contabilidade da An-Najah National University.

Bar Galin é diretor da programação israelense da organização Hillel na American University. É bacharel em História pela University of Haifa e guia turístico licenciado.

O Autor

Yossi Klein Halevi é escritor nascido nos Estados Unidos, e vive em Jerusalém desde 1982. É membro sênior do Shalom Hartman Institute em Jerusalém e autor de *At the Entrance to the Garden of Eden: A Jew's Search for God with Christians and Muslims in the Holy Land* (Na entrada do Jardim do Éden: a busca de um judeu por Deus junto com cristãos e muçulmanos na Terra Santa) e de *Like Dreamers: The Story of the Israeli Paratroopers Who Reunited Jerusalem and Divided a Nation* (Como sonhadores: a história dos paraquedistas israelenses que unificaram Jerusalém e dividiram uma nação). Juntamente com o imame Abdullah Antepli, da Duke University, codirige a Muslim Leadership Initiative (MLI) (Iniciativa de Liderança Muçulmana) no Hartman Institute. Ele e sua esposa, Sarah, têm três filhos.

Agradecimentos

Minha profunda gratidão a:

Marie Brenner, que surgiu como uma emissária do reino angelical e fez com que este livro acontecesse.

Sofia Groopman, minha esplêndida editora, que se preocupa profundamente com escrita e escritores e ajudou a tornar este um livro melhor.

Sarah, minha parceira de vida em todos os sentidos.

Moriah, Gavriel e Shachar, que me trazem grande alegria e têm aprofundado minha compreensão sobre Israel.

Terry Kassel, Paul E. Singer, Max Karpel e Daniel Bonner, da The Paul E. Singer Foundation, por sua generosa amizade e apoio. Gratidão especial a Harry Z. Cohen, por seu tremendo trabalho em nome deste livro.

Lynn Schusterman e Lisa Eisen, do Charles and Lynn Schusterman Family Foundation, por seu generoso apoio e por sua amizade ao longo dos anos.

Larry Weissman e Sascha Alpert, meus agentes literários, que me ajudaram a dar forma a este livro.

Donniel Hartman, por sua amizade, apoio e inspiração; por seus valiosos comentários editoriais sobre este livro; e por me desafiar a aspirar ao meu *self* superior.

Jonathan Kessler, que acreditou neste livro mesmo quando

CARTAS AO MEU VIZINHO PALESTINO

vacilei e que me ofereceu seu encorajamento, sabedoria e amizade. Se este livro tem um *sandak* (padrinho), é Jonathan.

Jonathan Rosen, cujo *feedback* indispensável nos estágios iniciais deste livro me ajudaram a encontrar a minha voz.

Haroon Moghul, por sua amizade literária e espiritual.

Tal Becker, Elana Stein Hain, Donniel Hartman, Yehuda Kurtzer – meus colegas e amigos de longa data no seminário Engage do Shalom Hartman Institute, que me enriqueceram intelectual e espiritualmente e me desafiaram a aprofundar meu pensamento sobre as questões suscitadas neste livro.

Alan Abbey, Irfana Anwer, Lauren Berkun, Meirav Fishman, Maital Friedman, Dalit Horn, Marlene Houri, Hana Gilat, Rachel Jacoby Rosenfield, Yehuda Kurtzer, Kate Lee, Haroon Moghul, Gidon Mais, Shiri Merzel, Tova Perlow, Tova Serkin, Atara Solow, Sabra Waxman, Mick Weinstein – meus colegas e amigos do Shalom Hartman Institute, que ajudaram a tornar o MLI – Muslim Leadership Initiative – um sucesso.

Yoel e Nomi Glick, por sua amizade e apoio ilimitados.

Stefanie Liba Engelson-Argamon, uma benção na minha vida, cuja dedicação e amizade espiritual me enriqueceram incomensuravelmente.

David Suissa, do *Jewish Journal*, meu parceiro e irmão, que está sempre presente quando preciso dele.

Gary Rosenblatt e Thea Wieseltier, do *Jewish Week*, uma bênção para o povo judeu, e que estão entre as primeiras pessoas a quem recorro para parceria em um projeto.

Dan Senor, por sua amizade e orientação.

Diane Troderman e Harold Grinspoon, amigos e apoiadores amados.

Angelica Berrie e Ruth Salzman, da Russell Berrie Foundation, e Julie Sandorf e Nessa Rapoport, da Revson Foundation, apoiadores fundadores e parceiros permanentes da MLI.

Jonathan Burnham, por acreditar neste livro.

Tina Andreadis, Milan Bozic, Rachel Elinsky, Tom Hopke, Doug Jones, Muriel Jorgensen, David Koral, Leah Wasielewski – a maravilhosa equipe da Harper-Collins.

Bambi Sheleg, que nos deixou cedo demais e quem primeiro me deu a ideia para este livro quando sua revista inovadora, *Eretz*

Aheret, publicou uma edição especial dedicada a cartas escritas por israelenses para seus vizinhos palestinos.

Moshe Halbertal, por seus *insights* sobre a natureza do sagrado.

Parvez Ahmed, Ali Ammoura, Mijal Bitton, Sam Freedman, Yechezkel Landau, John Moscowitz, Noam Zion – por seu valioso *feedback* sobre este manuscrito.

Todos os participantes da Muslim Leadership Initiative, que me ensinaram o significado da coragem sagrada.

Irfana Anwer, Toby Perl Freilich, Zach Gelman, David Horowitz, Debra Majeed, Leslie Meyers, Raiyan Syed, Claire Wachtel, Inas Younis – por sua amizade e suporte.

Harry Aaronson, Leora Balinsky, Evan Charney, Rivka Cohen, Gidon Halbfinger, Sam Mellins, Yossi Quint, Daniel Schwartz, Aaron Tannenbaum – meus estagiários talentosos do Hartman Institute, que propiciaram ajuda à pesquisa.

Dalia Landau, fundadora da Open House, um centro de coexistência para árabes e judeus israelenses na cidade de Ramle – cuja coragem e coração aberto me desafiaram a me aprofundar no compromisso com a coexistência.

David Hartman e Menachem Froman, dois queridos mentores e amigos que me ensinaram, cada um à sua maneira, a expandir as fronteiras do ser judeu e de cuja presença sinto muita falta.

Minhas editoras, Gail Winston e Emily Taylor, por sua dedicação em ver a edição em brochura ao longo de suas modificações.

Meus amigos Marty Geller e Lauren Rutkin, na Geller Family Foundation, por seu generoso apoio.

Meus amigos da Aviv Foundation – Chani Katzen Laufer, Steven Laufer e Adam Simon – por seu generoso apoio.

Lauren Berkun, por seu maravilhoso trabalho na preparação do extenso guia de estudo em *Letters* para o Hartman Institute.

Michal Reznic, por seu trabalho de divulgação para nossos vizinhos.

David Fine, por sua dedicação e *expertise* na criação do site deste livro.

GRÁFICA PAYM
Tel. [11] 4392-3344
paym@graficapaym.com.br